Sophie Gräfin Westarp

Hoffmanns Tiergestalten und die Ironie ihrer Kulturkritik

*Eine wissenschaftliche Studie zur Rolle der Tierfigur
im literarischen Werk E.T.A. Hoffmanns*

Impressum:
Hoffmanns Tiergestalten und die Ironie ihrer Kulturkritik.
Eine wissenschaftliche Studie zur Rolle der Tierfigur im literarischen Werk E.T.A. Hoffmanns
© 2017 Sophie Gräfin Westarp
Alle Rechte vorbehalten.

Diese Arbeit wurde im Februar 2007 als Wissenschaftliche Hausarbeit unter dem Titel *Tiergestalten bei E.T.A. Hoffmann* beim Landesprüfungsamt in Berlin vorgelegt.

Lektorat, Satz und Layout: Textgarderobe Berlin
www.textgarderobe.de

Cover-Illustration und Umschlaggestaltung: Sophie Gräfin Westarp
Alle Rechte vorbehalten.
www.sophiewestarp.de

Herstellung: BoD – Books on Demand, Norderstedt
ISBN: 978-3-7431-2457-8

Inhalt

Einleitung 5

Das Tier im Kontext der Romantik

Die Auffassung von der Tierexistenz in der romantischen Naturwissenschaft .. 8
Mensch und Tier im Kontext romantischer Sprachreflexion 9
Die Rolle des Tieres in der naturreligiös romantisierten Physiognomik 13
Die literarische Behandlung des Tiermotivs in der Romantik 15

Die Tierfigur in Hoffmanns literarischem Werk

Hoffmanns autobiographisch begründete Identifikation mit Tiergestalten 17
Hoffmanns Gesellschafts- und Menschenbild 19

Zur Behandlung des Haustiermotivs bei E.T.A. Hoffmann

Das Haustier und sein gesellschaftlicher Argwohn 21
Der Künstler bei Hoffmann 22
Hoffmanns biographischer Bezug zu den Haustieren 24
Haustier und Künstler als „ewige Juden" 26
Die Menschenkenntnis des Tieres 29
Anpassung und „Sündenfall" 31

Zur Behandlung des Affenmotivs bei E.T.A. Hoffmann

Das Hoffmannsche Affenmotiv im Kontext seiner kulturhistorischen Bedeutung 35
Die textimmanente Bestimmung des Affenwesens bei Milo und Zaches 38
Milos äffisches Wesen *38*
Das Problem der Definition von Zaches als Affe *39*
Der Affe als Vehikel der Bildungssatire und der Kulturkritik 43
Milos und Zaches' ursprünglicher Zustand vor der Zivilisierung *44*
Milos Naturzustand *44*
Klein Zaches' Naturzustand *46*
Zaches' Disposition aus entwicklungspsychologischer Sicht 47
Hoffmanns Kritik an der Physiognomik 48

Der „Fall" vom Natur- in den Kulturzustand 49
Der Kultivierungsprozess 53
Die Wirkung der Wundergabe in Gesellschaft und Wissenschaft 57
Die Affenfiguren und ihre Kontrahenten 60
Der Affe als Identifikationsfigur und Selbstpersiflage Hoffmanns 64

Zur Behandlung des Flohmotivs bei E.T.A. Hoffmann

Flohs Existenz als Parasit bzw. Symbiont 68
Die Disposition von Peregrinus als Verbündeter Flohs 69
Die Kulturkritik des „Meisters" 71
Die sprachreflexive Funktion des Gedankenglases im Spiegel der Wissenschaftssatire 74
Peregrinus' Menschwerdung im religiösen Findungsprozess 76
Der Traum als Utopie einer Überwindung der Duplizität des Seins 78
Die Überlegenheit des Tieres auf Grund seiner Sprachlosigkeit 79
Die Utopie der Sublimierung eines „Künstlerkörpers" 81
Das Flohmotiv und seine literarische Tradition im Umfeld der Jurisprudenz . 82
Die Philistersatire im Spiegel des Gedankenglases 83
Nachwort 84
Anmerkungen 89
Literaturverzeichnis 92

Einleitung

Wenn mit dieser Arbeit die Rolle der Tiergestalten in und ihre Bedeutung für E.T.A. Hoffmanns Werk untersucht werden soll, wird es darum gehen, ihre besondere und eigentümliche Funktion als Handlungs- und Gedankenträger von Hoffmanns Prosa darzustellen.

Dass in dem für diese Arbeit vorgegebenen Rahmen nicht sämtliche bei Hoffmann auftretende Tiergestalten behandelt werden können, liegt an dem ungeheuren und allein quantitativ bemerkenswerten Reichtum an Tierfiguren und tierhaften Gestalten in Hoffmanns ohnehin umfangreichem literarischen Werk. Daher werden im Folgenden Tiergestalten, die nur als Nebenrollen oder auch in ausschließlich stimmungsuntermalender oder ironisierend-persiflierender Funktion auftreten[1], vernachlässigt oder nur (wie im Fall der Laus Haimatochare oder der Schlange Serpentina) am Rande besprochen, während es ausführlich um die in ihrem Wesen differenziert und facettenreich gezeichneten Tier-Protagonisten gehen wird, die in ihrer Rolle als Helden meist schon im betreffenden Titel namentlich genannt werden: Der Kater Murr aus dem Roman *Lebens-Ansichten des Katers Murr*[2], der Hund namens Berganza aus der Erzählung *Nachricht von den neuesten Schicksalen des Hundes Berganza*[3], der den Namen Milo tragende Affe aus der *Nachricht von einem gebildeten jungen Mann*[4] sowie der Floh aus der Märchenerzählung *Meister Floh*[5]. Allen oben genannten Tierhelden ist gemeinsam, dass sie in Auseinandersetzung mit der menschlichen Gesellschaft Kritik an deren Organisation und Kultur üben, wobei idie Erkenntnis entweder direkt auf der Entlarvung der Missstände aus der Perspektive des Tieres gründet oder aber Folge des satirischen Beispiels ist, das das Tier selbst gibt.

In der vergleichenden Untersuchung von Kater- und Hundefigur bei der Behandlung des Haustiermotivs wird der Vermenschlichungsprozess der Haustiere als deren gesellschaftliche Eingliederung und deren Sozialisationsprozess im Sinne einer Assimilierung behandelt. Dabei wird es um den, wie Beardsley formuliert, genialen Streich Hoffmanns gehen, die „Laster der haute volée in demselben Hund zu entlarven, der diese Typen mit ihren Schwächen aus tiefster Seele haßt"[6]. Die im Folgenden als „Sündenfall" bezeichnete gesellschaftliche Anpassung bezieht sich dabei auf die „systematische Entromantisierung" Berganzas „sonst intimen Naturverhältnisses"[7] und seine Entwicklung von einem guten, verständigen Haushund in einen eingebildeten Snob, ebenso wie auf die Murr vorgeworfene Verleugnung seiner ehrlichen, natürlichen Katernatur[8].

In der Behandlung des Affenmotivs wird zur Figur des Affen Milo vergleichend die Titelgestalt aus Hoffmanns Märchenerzählung *Klein Zaches genannt Zinnober* (1819) hinzugezogen, da, wie später ausführlich noch dargelegt wird, die tierhaft gezeichnete Figur des Klein Zaches als Affe gelesen werden kann. Begründet wird diese Lesart durch die Szene im Zoologischen Kabinett, in der der inzwischen unter dem Namen Zinnober zum Minister aufgestiegene Klein Zaches von Fremden für einen Affen gehalten wird. Die Perspektive der Fremden soll dabei auf Grund ihrer fehlenden Integration den unverstellten Blick gewährleisten. Die Assoziierung der Milo- und Zaches-Figur wird darüber hinaus für plausibel erklärt durch intertextuelle Bezüge, die zwischen der *Nachricht von einem gebildeten jungen Mann* und der Erzählung von *Klein Zaches genannt Zinnober* hergestellt werden können. Während für das Haustiermotiv die Frage der (gesellschaftlich-kulturellen) Assimilierung im Zentrum der Untersuchung steht, wird für das Affenmotiv verstärkt auch der Aspekt der Simulation und Dressur Relevanz haben, was im Kontext der kulturhistorischen Bedeutung des Affen berücksichtigt werden soll.

Anschließend an die Reflexionen über die Hoffmannschen Intentionen bei der literarischen Gestaltung des Haustier- und Affenmotivs werden im Kapitel zum Flohmotiv die kulturkritischen Reflexionen des Protagonisten vor dem Hintergrund seiner arteigenen voyeuristischen Möglichkeiten betrachtet, die ihm seine Existenz bei bzw. auf dem Menschen ermöglicht. Wenn der Schwerpunkt der Untersuchung dabei auf dem vom Floh herausgestellten Unterschied in Sprache und Wesen zwischen Menschen und Tieren liegt, werden darüber hinaus noch weitere leitmotivische Aspekte behandelt, die auch die anderen in Untersuchung stehenden Tierprotagonisten aus Hoffmanns Werk betreffen.

Zunächst soll jedoch in einem ersten Teil die Identifikation und Sympathie Hoffmanns mit den oben erwähnten Protagonisten herausgestellt und dafür relevante autobiographische, leitmotivische und gesellschaftliche Bezüge herausgearbeitet werden. Ferner werden eingangs vor dem Hintergrund der damaligen zeitgenössischen Auffassung vom Tier im Kontext der Romantik sowohl maßgebliche Aspekte romantischer Naturphilosophie und -wissenschaft (einschließlich der Physiognomik als zur Zeit Hoffmanns florierender Populärwissenschaft) umrissen, als auch in vergleichender Abgrenzung der Umgang mit dem Tiermotiv im Werk anderer zeitgenössischer Autoren berücksichtigt.

Das Tier im Kontext der Romantik

Die Auffassung von der Tierexistenz in der romantischen Naturwissenschaft

Wie Ricarda Huch in ihrem Aufsatz *Das Tier in der romantischen Weltanschauung*[9] darlegt, übte die Tierwelt einen ganz besonderen Zauber auf die „Romantiker" aus. Was die Faszination vor allem ausmachte, war die damals gängige Auffassung, die Existenz der Tiere stünde „auf der Grenze des Bewusstseins" und könne daher etwa verglichen werden mit der von Somnambulen[10]. In Ehrfurcht vor dem Unbewussten und aus Sympathie mit ihm kam es daher nicht selten zum Freundschaftsbund zwischen Mensch und Tier, was sich dann als Thema zur Genüge auch in der romantischen Literatur niederschlug[11], worauf später noch eingegangen werden soll.

Obwohl diese Sicht auf die Tiere als traumwandelnde, geheimnisvolle Geschöpfe in scharfem Kontrast zu den lehrreichen Vergleichen der Aufklärungszeit steht und folglich als negierende Reaktion auf die kartesianische Auffassung vom Tier als Automat zu verstehen ist, beruht die romantische Sympathie für das Tierwesen jedoch keinesfalls auf einer naiven Gleichsetzung mit dem Menschen, sondern vielmehr auf einem bewussten Erleben des existenziellen Unterschiedes von Mensch und Tier[12].

Lorenz Oken, der sich mit seinem *Grundriß der Naturphilosophie, der Theorie der Sinne und der darauf gegründeten Classification der Thiere* als erster an einer Tierseelenkunde versuchte und dem sich später auch Karl Gustav Carus mit seiner *Vergleichenden Psychologie oder Geschichte der Seele in der Reihenfolge der Tierwelt* anschloss, gestand als Vertreter der romantischen Naturwissenschaft den Tieren zwar eine Seele zu, grenzte ihren Entwicklungsstand aber von dem der menschlichen Seele in der Weise ab, „dass die Tierseele sich nicht bis zur Höhe des Bewusstseins entwickele und daher sich selbst nicht gegenständlich würde".[13] In ähnlicher Weise vertritt Carus die Ansicht, dass die menschliche Seele auf der Höhe des Bewusstseins entwickelt sei, während die Seele der „höheren Tiere der unbewussten Säuglingsseele und schließlich der Kindesseele mit dämmerndem Selbstbewusstsein" entspräche und „die niedere Tierseele" mit der unbewussten Seele eines menschlichen Embryos zu vergleichen sei.[14]

Mensch und Tier im Kontext romantischer Sprachreflexion
Eng mit der Vorstellung der romantischen Naturwissenschaft von den Bewusstseinsstufen menschlicher und tierischer Existenz verknüpft erfährt an dieser Stelle auch die romantische Naturphilosophie ihre Berücksichtigung, deren sprachreflexiver Aspekt zum Verständnis des Hoffmannschen Tiermotivs und insbesondere für die Interpretation des *Meister Floh* von zentraler Bedeutung ist:

Der romantische Naturphilosoph und Schelling-Schüler Gotthilf Heinrich Schubert entwickelt in seiner 1814 veröffentlichten *Symbolik des Traumes* den romantischen Topos der Dekadenz einer ursprünglichen Traumbildersprache angesichts der ihr untergeordneten Lautsprache. Dabei setzt Schubert der „künstlich erlernten Sprache unseres Wachens" bzw. „nüchternen Prosa des Bewußtseins" eine Sprache von Poesie, Traum und Offenbarung entgegen, die in ihrer prophetischen Hieroglyphengestalt „eine dem menschlichen Geiste eigenthümliche und angebohrne Sprache"[15] sei.

Das Motiv einer sprachlichen Zeichenstruktur des „Buches der Natur" geht dabei auf die Rezeption hermetischer Wissenstraditionen u.a. aus dem Mittelalter zurück, die in der Romantik intensiv betrieben wurde. Schubert als maßgeblicher Vermittler hermetischer Tradition für die

Literatur der Spätromantik stellt dabei den göttlichen Offenbarungscharakter des „Natur-Buches" heraus[16]: Wenn der von Schubert vertretene hermetische Ansatz davon ausgeht, dass die menschliche Existenz Teil der göttlichen Offenbarung als paradiesischem Zustand ist, wird das künstliche Erlernen der Sprache des Wachens als Sündenfall gewertet, nachdem den Menschen nun nur noch Ahnungen und fragmentarische Erinnerungen an die paradiesische Natur möglich sind[17]. Wie Gerhard Sauder in seinem Nachwort zum Faksimiledruck nach der Ausgabe Schuberts *Symbolik des Traumes* darlegt, wird der Sündenfall bei Schubert „als Erwachen des Menschen zum Bewußtsein, die babylonische Sprachverwirrung als Akt des Hochmuts und der Selbstsucht gedeutet"[18]. Erwacht zum Bewusstsein und dadurch zur menschlichen Persönlichkeit geworden, hat der Mensch keinen direkten Zugang mehr zu den unbewussten Traumbildern: „Die Sprache des Wachens versteht Natur und Gefühl nicht mehr unmittelbar; sie ist zur Verstellung fähig geworden"[19]. Die Sprache ist also zum bewussten Werkzeug geworden und daher auch zur Verstellung geeignet.

Zur Traumbildersprache, in ihren Eigenschaften etwa vergleichbar mit dem von C.G. Jung geprägten Begriff vom „kollektiven Unbewussten" hat der Mensch folglich nur in unbewussten oder somnambulen Zuständen wie etwa dem Schlaf, Traum, Wahnsinn, der Epilepsie oder aber auch der Begeisterung oder heftigen Gemütsbewegungen generell Zugang[20]. Dadurch kommt dem Unbewussten im triadischen geschichtsphilosophischen Modell des dialektischen Dreischritts von Naturzustand – Naturverlust – Kompensation, das auch die Grundlage von Schuberts Traumlehre darstellt, die bedeutende Rolle der Wiederherstellung, der Aufhebung der dissonanten Entzweiung nach dem Verlust der ursprünglichen Harmonie des „Goldenen Zeitalters" zu[21].

Betrachtet man den als Sündenfall bezeichneten sprachlichen Bewusstwerdungsprozess des Menschen vor dem Hintergrund des „naturwissenschaftlich" für unbewusst erklärten Zustand der Tierseele, so liegt eine positive Konnotation des Tieres und seines Naturverhältnisses nahe. Es wird das unmittelbare Verständnis der in Hieroglyphen sich zeigenden, in Traumbildersprache sich offenbarenden Natur bei der Tierexistenz vorstellbar, obgleich die Lektüre des „Buches der Natur" bei Schubert allein den Menschen vorbehalten scheint, die Tiere hingegen nur eine darstellenden Funktion innehaben, d. h. selbst Natur sind. So besitze der Mensch nach Schubert als „einziges Wesen der uns sichtbaren Welt von Natur aus den Schlüssel zu jener Hieroglyphensprache"[22].

Auf die Rezeption der romantischen Naturphilosophie Schuberts und Schellings im Werk E.T.A. Hoffmanns macht auch Josef Quack in seiner Untersuchung zur künstlerischen Selbsterkenntnis[23] in Hoffmanns Erzählung *Prinzessin Brambilla*[24] aufmerksam: Unter Berücksichtigung von Hoffmanns Definition des Humors, die auf die intellektuelle Autonomie des Menschen abhebt, stellt Quack dar, dass „das klare Selbstbewusstsein" und mit ihm die Reflexion bei Hoffmann nicht nur einseitig negativ belegt seien wie bei Schubert, etwa in dem Sinne, dass durch sie der „Geist des Menschen von der Unschuld der ersten Kindheit herabgezogen"[25] und im Prozess des Mündigwerdens von der Natur getrennt werde. Vielmehr zeige Hoffmann etwa in dem der *Prinzessin Brambilla* eingegliederten Mythos von Ophioch und Liris, dass dieser Abnabelungsprozess es dem Menschen erst ermögliche, zu intellektueller Autonomie zu gelangen, welche als konstitutives Element romantischer Kunstauffassung ja eben auch die Erkenntnis mit sich bringen kann, als Mensch selbst Teil der Natur zu sein, anstelle die Rolle eines feindlichen Gegenübers einzunehmen.

Wenn Schelling in der ersten Auflage seiner *Ideen zu einer Philosophie der Natur* von 1797 die Reflexion noch schärfer als Schubert verurteilt und von ihr „im Geiste Rousseaus"[26] als „Plagegeist" und

„Geisteskrankheit"[27] spricht, zeigt sich für die Rezeption dieser Auffassung in Hoffmanns Werk – so etwa in dem zentralen Kunstmythos der *Prinzessin Brambilla* –, dass Hoffmann das Schellingsche Konzept im dialektischen Sinne aufhebt: Auch wenn, wie Josef Quack sich auf Wolfgang Preisendanz[28] berufend konstatiert, die Reflexion bei Hoffmann durchaus ein trennendes und täuschendes Denken verkörpert und darin Schellings „Plagegeist" entspricht, der „zu irrigen Vorstellungen über die Natur verführt"[29], „ist nun gerade der als negativ bezeichnete Gedanke zugleich das einzige Mittel, das die Folgen der von ihm verursachten Entzweiung zu revidieren und eine neue ‚Anschauung' hervorzubringen vermag"[30].

Wegen eben dieser dialektisch aufhebenden Wirkung erfährt also der Gedanke bei Hoffmann in seiner zerstörenden Kontrastfunktion gegenüber der Anschauung als Paradieszustand des Einsseins von Mensch und Natur positive Zugeständnisse. Zugleich damit scheint Hoffmann aber auch die als äquivalent zu betrachtende Gegensatzformel von Natursprache und Sprache des Wachens hinsichtlich einer möglichen Erkenntnisfunktion der Letzteren abzuschwächen.

Eben dieses sprachphilosophische Problem findet bei Hoffmann als literarisches Motiv seine Verwendung im *Meister Floh*, indem die negative Konnotation der menschlichen Rede sowie auch deren Erkenntnisfunktion reflektiert wird. Aber auch in den anderen Erzählungen, bei denen wir es mit Tierprotagonisten zu tun haben, spielt die menschliche Sprache und deren kulturkritische Reflexion eine maßgebliche Rolle: So im Rahmen der Dressur des gelehrigen Affen Milo, der gesellschaftlichen Integration der tierhaften Figur des Klein Zaches, der anthropomorphen Zeichnung Murrs oder des Vermenschlichungsprozesses von Berganza.

Immer wieder wird in der Forschungsliteratur betont, dass Hoffmann intensive Schubert-Lektüre getrieben habe und dabei enthusiastischer Schubert-Leser gewesen sei: Während Schuberts 1808 veröffentliche *Ansichten von der Nachtseite der Naturwissenschaft* des Öfteren in Hoffmanns Erzählungen gelobt und zitiert würden[31], sei die *Symbolik des Traumes* sogar als „Rezeptbuch für Hoffmanns Traumdarstellungen"[32] „ein Lieblingsbuch Hoffmanns"[33] gewesen. Wie aus einem Brief Hoffmanns an seinen Verleger Kunz vom 24. März 1814 hervorgeht, erwartete dieser den Erhalt der gerade erst im Druck befindlichen *Symbolik des Traumes* von Gotthilf Heinrich Schubert mit großer Ungeduld:

„[...] und giebst du dich in müßigen Stunden noch mit dem Bücherversenden ab, so schicke – schicke – o schicke ihm [=Hoffmann] bald Schuberts Symbolik des Traumes! Er dürstet darnach!"[34]

Die Rolle des Tieres in der naturreligiös romantisierten Physiognomik

Im Zuge der Popularität der naturphilosophischen Idee einer Naturoffenbarung in Hieroglyphengestalt rückte auch die Physiognomik als Wissenschaft von der Zeichensprache der menschlichen Gestalt ins Blickfeld des Interesses. In der Menschengestalt heilige unerschöpfliche Hieroglyphen entdeckend erfuhr der Begriff der Physiognomik eine Romantisierung im naturreligiösen Sinne[35]. Die Aktualität der Frage, wie der Mensch wahrhaftig zu sehen sei, kann dabei mit dem spezifisch romantischen Thema der Entfernung des Menschen von sich selbst, also seiner Selbstdistanzierung, in Zusammenhang gebracht werden. Wie Norbert Hummelt in seinem Aufsatz zum *Krisenbewußtsein und poetischem Widerstand als Elemente romantischer Weltsicht* konstatiert, manifestiere sie sich als kollektive Identitätskrise. Die Identität werde dabei nicht mehr als gesichert angenommen und es habe erstmalig eine Auseinandersetzung mit ihrer Gefährdung stattgefunden[36].

Der maßgebliche Verfechter der Physiognomik war Johann Kaspar Lavater mit seinen zwischen 1775–78 herausgegebenen *Physiognomischen Fragmenten zur Beförderung der Menschenkenntnis und der Menschenliebe*. In der Romantik konnte er der Physiognomik insbesondere dadurch zu neuer Popularität verhelfen, dass er der physiognomischen Wahrnehmung die Möglichkeit zusprach, „die Zeichen des Körpers im Sinne eines Buches zu lesen"[37], und sie auf diese Weise den „Akt der Entlarvung", Demaskierung und Dechiffrierung und somit die Aufhebung der „Differenz von Schein und Sein" für sich beanspruchen ließ[38].

Nicht verwundert es, dass insbesondere solche Autoren, die mit physischen Gebrechen gezeichnet waren, sich als Widersacher der physiognomischen Theorien stark machten und wie im Falle des physisch verwachsenen, buckligen Georg Christoph Lichtenberg mit Spottschriften reagierten: Als Antwort auf Lavaters Schriften verfasste Lichtenberg daher 1777 das *Fragment von Schwänzen*, das 1783 im *Neuen Magazin für Ärzte* erschien sowie 1778 die umfangreichere Abhandlung *Über Physiognomik wider die Physiognomen*. Der Haupteinwand der Kritik Lichtenbergs, die laut Schmölders von fast allen Aufklärern wie etwa Buffon, Diderot, Kant oder Hegel geteilt wurde, bezieht sich dabei auf die bei Lavater maßgebliche Rolle des Knochenbaus, weil diesem infolge seiner Unveränderlichkeit auch keine seelischen Regungen sichtbar seien, geschweige denn, sich in ihm manifestieren könnten. Viel eher will Lichtenberg stattdessen der Mimik und Miene zugestehen, dass an ihr seelische Regungen abzulesen seien und plädiert anstelle der Physiognomik für eine Pathognomik[39].

Während die physiognomische Lehre von den Typologien in ihrer Ausrichtung auf die „‚intraspezifische' Menschengestalt"[40] zugespitzt auf die Frage nach dem „‚menschlichen Menschen' unter den Menschen" hinausläuft, arbeitet demgegenüber die Tierphysiognomik als satirische und groteske Variante der „‚Charakterphysiognomik'"[41] in „‚interspezifische[r]' Ausrichtung auf Tiere"[42] mit der Vorstellung, es handle sich beim tierhaft gekennzeichneten Menschen nicht mehr um ein menschliches Geschöpf, sondern vielmehr schon um ein Tier. So werden die Tiere zu Gegenbildern des Menschen und treten in diesem Sinne bloß als Gattungswesen, nicht aber als in ihrem Charakter differenziert gezeichnete Individuen auf. Wegen ihrer karikaturistischen Möglichkeiten sind tierphysiognomische Zeichnungen daher in der Groteske bzw. Satire allgemein sehr beliebt.

Die literarische Behandlung des Tiermotivs in der Romantik

Da Mensch und Tier durch die Vorstellung der romantischen Naturphilosophie von der Beseelung der Natur, insbesondere des Tieres, in ein enges Verhältnis gerückt wurden, verwundert es nicht, dass nun auch in der romantischen Literatur die Behandlung des Tieres eine grundlegende Wandlung erfuhr: Traten Tiere in aufklärerischen Erzählungen, wenn überhaupt, wie etwa wie in den Fabeldichtungen Lessings, als Sprachrohr des Menschen auf, so findet sich nahezu bei allen Autoren des romantischen Erzählwerks und scheinbar fast schon verpflichtend eine reiche Bevölkerung mit Tieren, die dann auch explizit für Angehörige ihrer Gattung und nicht nur stellvertretend für den Menschen stehen.

Aber auch das Motiv eines grotesken Verhältnisses von Mensch und Tier in Form von Mischwesen, die sowohl menschliche als auch tierische Züge besitzen, zieht sich quer durch die Erzählungen der Romantik, erfährt aber besonders ausgeprägt bei Hoffmann dank seines persönlichen Anliegens in eigentümlicher Weise seine Umsetzung. Sowohl den offensichtlichen Tierfiguren seines Werkes als auch den „skurrilen Gestalten, die sich als Mischwesen zu erkennen geben und dem Menschlichen ebenfalls eine Spur des Tierischen einschreiben"[43], ist eine Ungreifbarkeit gemeinsam. Diese verwischt die Grenze zwischen erhabener Würde des Menschen und den Niederungen seiner Kreatürlichkeit, behauptet ihre Angehörigkeit zu einer Zwischenwelt und untergräbt die Identität im ständigen Wechsel zwischen menschlichen und tierischen Ausdrucksformen[44]. Wie Detlef Kremer bemerkt, kann das Thema des menschlich-tierischen Mischwesens als Variation des Körperdramas begriffen werden, das in der Romantik zur Tragikkomödie der aufgehobenen, verwirrten Identität wird und sich im Hang zur Verwandlung, Verdopplung, Maskierung und phantastischen Verkehrung von Figuren bemerkbar macht[45].

Im Sinne der oben umrissenen Problematik von Körper und Identität wird das Tier nun stattdessen gerne als Mittel dazu eingesetzt, die Märchen- mit der Alltagswelt zu verbinden. Raumverschränkungen und Zeitverschiebungen, vor allem Aufhebungen von Figurenidentitäten, Metamorphosen, Mensch-Tierkreuzungen, eine belebte Dingwelt sowie die Sprachfähigkeit der nichtmenschlichen Natur bilden grundlegende Merkmale des Märchens. Hierin begründet sich die Affinität der romantischen Poetik zum Märchenhaften[46].

Die Tierfigur in Hoffmanns literarischem Werk

Hoffmanns autobiographisch begründete Identifikation mit Tiergestalten

Während der vielfältige literarische Einsatz des Tiermotivs in romantischen Erzählungen oft dahin geht, dass die Tiere den Charakter stereotyper Volksmärchen annehmen, sind sie bei E.T.A. Hoffmann durchweg mit einer grundsätzlich persönlichen Note behaftet. Dies gilt besonders für Tierfiguren, denen mit wenigen Ausnahmen wie Tiecks gestiefeltem Kater nur von Hoffmann Rollen als ausgesprochene Protagonisten zugeschrieben werden. Auch in den Nebenrollen sind sie bei Hoffmann individueller und einfühlsamer gezeichnet als etwa bei Brentano, Novalis, Fouquet, Arnim oder Eichendorff. Dabei kann angenommen werden, dass Hoffmanns offensichtlich enorme Faszination für menschlich gezeichnete Tierfiguren bzw. Zwitterwesen aus Mensch und Tier die eigene Grunddisposition der Zersplitterung seiner Begabungen auf Grund ihrer Vielseitigkeit widerspiegelt und dass insbesondere persönliche Erfahrungen für ihn die Erlebnisgrundlage seines schriftstellerischen Werkes darstellen: Beruflich lassen Hoffmanns Mehrfach-Existenz als Jurist und Schriftsteller und die verlustreiche Aufgabe seiner beruflichen Erfüllung als Kapellmeister die Motive zur Idee einer dualistischen Wirklichkeit und die Identifikation des Autors mit „Mischwesen" transparent werden, nämlich mit Kreaturen, die hin und her gerissen „zwischen zwei Stühlen sitzen". Aber auch die Enttäuschung der idealisierten Liebe zu seiner Gesangsschülerin Julie Marc bietet motivischen Hintergrund für das Thema des Verlustes, der Enttäuschung und des Fremdheitsgefühls. Auch das Verhältnis zum eigenen Körper zeichnet sich durch Heimatlosigkeit und Entfremdung aus: Wie in der Forschungsliteratur immer wieder zitiert, sieht Hoffmann sich im Besitz eines „Künstlerkörpers"[47], der „zu kaum etwas zu gebrauchen", im Missverhältnis zu seinem Geist stehe.

Wenn sich das dualistische Motiv des Gespalten-Seins durch Hoffmanns gesamtes Werk hindurch zieht, angefangen von der Konfrontation von Normalität und Irrealität, bürgerlicher Alltagswelt und Geisterwelt, bis hin zum Gegensatz von Alltags- und Mythenwelt, wobei ebenso menschliche Figuren wie einsame Künstler, Eremiten oder Wahnsinnige als Ausdruck des dualistischen Menschenbildes fungieren, so stellt die Konfrontation des Menschen mit dem Tier eine eigentümliche und für Hoffmann ganz spezielle Form des Dualismus dar. Diese darf auch im Vergleich mit anderen zeitgenössischen Schriftstellern als Spezifikum Hoffmanns gesehen werden[48].

Die heimliche Lust Hoffmanns, auf die Beardsley hinweist, sich selbst durch ein Tiermedium darzustellen[49], hängt also mit der Tatsache zusammen, dass die Tier-Thematik eng mit persönlichen Erlebnissen verknüpft ist. Daher geht es bei ihm also viel eher um Identifikation als um Projektion. Das Tier ist für ihn viel mehr als nur Sprachrohr des Menschen, wie es etwa (wie schon oben bemerkt worden ist) in Lessings aufklärerischen Fabeldichtungen oder auch in den Werken zeitgenössischer Romantiker wie Tieck oder Brentano oft der Fall ist. Wenn später die verwandtschaftlich anmutende Sympathie mit den mit menschlichen Zügen ausgestatteten Tierfiguren oder Gestalten aus zwei Daseinsbereichen offengelegt werden soll, sei vorab bemerkt, dass Hoffmann dabei auf persönliche Erfahrungen zurückgreift. Hans Mayers Vermutung, dass Hoffmann viel eher, als dass er durch die Zeichnungen Callots zur Konzeption seiner Zwittergebilde erst angeregt worden wäre, bei dem Zeichner seine eigenen Erfahrungen und Empfindungen visualisiert gefunden habe[50], ließe sich in der Tat mit Hoffmanns Einleitung zu Jacques Callot in den *Fantasiestücken* belegen, in der es u.a. heißt:

"[...] so enthüllen Callots aus Tier und Mensch geschaffne groteske Gestalten dem ernsten tiefer eindringenden Beschauer, alle die geheimen Andeutungen, die unter dem Schleier der Skurrilität verborgen liegen." [51]

Indem Hoffmann sich zuweilen ins Tierfell verkriecht und sich so die nötige Distanz verschafft, um sich „über die Duplizität seines Seins hinwegzuheben"[52], scheint ihm auch das reflexive Moment des Schreibens eine distanzierte Position zu verschaffen.

Hoffmanns Gesellschafts- und Menschenbild

Aber nicht nur persönliche Lebenserfahrungen, sondern übergreifend auch historisch-gesellschaftliche sind als Erlebnisgrundlage für das schriftstellerische Anliegen E.T.A. Hoffmanns wichtig. Da die im Folgenden behandelten Tiergestalten nicht nur als Medium der Poesie, sondern ebenso in der Funktion der Gesellschaftskritik auftreten, ist es vorerst wichtig, auf Hoffmanns Gesellschafts- und Menschenbild einzugehen.

Den gesellschaftlichen Hintergrund stellt der geschichtliche Anachronismus der Restaurationszeit dar, d.h. der im revolutionslos gebliebenen Deutschland doppelt anachronistische Wiederherstellungsversuch eines „ancien régime" nach 1815. Dieser zeigt sich als Bild einer als instabil und brüchig empfundenen Gesellschaft in Hoffmanns Werk. Wesentliche Erfahrungen mit der Metternichschen Restaurationsepoche hatte Hoffmann in Form der Praktiken fürstlicher Willkürherrschaft bei der Demagogenverfolgung sammeln können, mit denen er sich in der Rolle als Ermittlungsbeamter in der 1819 für Preußen errichteten „Königlichen Immediat-Untersuchungskommission zur Ermittlung hoch-verräterischer Verbindungen und staatsgefährlicher Umtriebe" auseinandersetzen musste. Er setzte sich gegen den Willen der Regierung, vertreten durch den Direktor des Polizeiministeriums Karl Albert von Kamptz, für die Freilassung und Hafterleichterung umsturzverdächtiger Gefangener wie z.B. von Ludwig Jahn ein[53], kleidete – in seinen Bemühungen erfolglos – die Kritik an den staatlichen Untersuchungsmethoden in Form einer Satire in die Erzählung vom *Meister Floh* ein und handelte sich ein Disziplinarverfahren ein, dem die betreffende Passage zum Opfer fiel. Bei dieser so genannten „*Meister Floh*-Affäre" hatte Hoffmann am eigenen Leib den Zwiespalt zwischen seiner offizieller Verpflichtung als Beamter und seinem eigenen Gewissen erfahren, seiner persönlichen politischen Haltung in der Doppelrolle als Vertreter des absolutistischen Staates einerseits und seiner Existenz als human handelndes Individuum andererseits.

Diesen Zustand des persönlichen Gespaltenseins, hervorgerufen durch anachronistische politische Verhältnisse der Restaurationszeit, stellt Hoffmann als allgemein gesellschaftliches Phänomen dar und kennzeichnet ihn als widersprüchlich. Das spiegelt sich in Hoffmanns Werk in einem eigentümlichen Menschenbild wider: Wie Hans Mayer feststellt, treten die Menschen bei Hoffmann als weitgehend sozial unbestimmt und anscheinend vertauschbar in Erscheinung und sind nirgendwo in der Lage, ihre Erfüllung zu finden, da sie immer zugleich in verschiedenen Bereichen und Inkarnationen leben müssen: „Niemand weiß genau, ob sie auch wirklich das sind, was sie in der gesellschaftlichen Hierarchie nach außenhin darzustellen scheinen."[54]

Zur Behandlung des Haustiermotivs bei E.T.A. Hoffmann

Das Haustier und sein gesellschaftlicher Argwohn

Mit der Fähigkeit zur Verstellung als wesentlichem Merkmal hat Hoffmann auch seine Haustierfiguren ausgestattet, wobei Hund und Kater ihre Täuschungskünste als Strategie anwenden, um auf die gesellschaftlichen Umstände zu reagieren. Die „Diskrepanz zwischen öffentlichem Auftreten und wirklichem Sein"[55] ist beim Hauskater Murr charakteristisch für seine gesellschaftliche Situation, der er dadurch Rechnung trägt, dass er dem gesellschaftlichen Umfeld seinen Habitus angleicht: Der dichtende Kater hält aus Angst, ausgenutzt und vermarktet zu werden, sein Talent geheim und zeigt seine Doppelnatur nur in Tiergesellschaft. Den Argwohn gegenüber den Menschen und ihren ökonomischen Verwertungsbestrebungen scheint ihm dabei seine Mutter mitgegeben zu haben, die ihn mit den Worten warnt:

> „So wie Meister Abraham erfährt, daß du schreiben kannst, lieber Murr! macht er dich zu seinem Kopisten, und als Schuldigkeit wird von dir gefordert, was du jetzt nur aus eigenem Antrieb zu deiner Lust tust."[56]

Auffallend ähnlich argumentiert der sprachbegabte, „poetische Hund" Berganza, wenn er das Anerbieten von Hoffmanns fingiertem Ich, als sein Begleiter bei ihm zu bleiben, abschlägt. Im Gespräch mit ihm sei er mit seinen besonderen Gaben und Eigenheiten zu sehr bekannt geworden, als dass auf ein näheres Verhältnis zwischen den beiden zu rechnen wäre:

> „Es ist überhaupt nicht ratsam, Jemandem *alle* Talente, die man besitzt zu enthüllen, weil dieser dann das wohl erworbene Recht zu haben glaubt, sie in Anspruch zu nehmen, wie er nur mag."[57]

Das Verhüllen und Verbergen der eigenen Fähigkeiten scheint also Strategie zu sein, um sich nicht mit vollem Einsatz verkaufen zu müssen, und als ein Versuch, sich vor Ausbeutungen zu schützen. Während Berganzas Misstrauen auf schlechten Erfahrungen in seiner Vergangenheit beruht, liegen die Gründe für Murrs Argwohn in nächster Umgebung, stellen doch tatsächlich selbst seine engsten Vertrauten eine unmittelbare Bedrohung für ihn dar: Nicht nur, dass Murr in dem Professor der Ästhetik einen eifersüchtigen Neider hat, der, der Bildung des Katers durch seinen Pudel Ponto auf die Schliche gekommen, ihn als Konkurrenten auszuschalten sucht, sondern auch seinem Meister selbst kann Murr kein Vertrauen schenken, wenn dieser folgende Überlegung aufstellt:

> „Närrisch genug und zugleich ungemein merkwürdig wär' es doch, [...] wenn der kleine graue Mann dort unter dem Ofen wirklich die Eigenschaften besitzen sollte, die der Professor ihm andichten will! – Hm! Ich dächte, er könnte mich reich machen [...]. Ich sperrt ihn in einen Käficht, er müßte seine Künste machen vor der Welt, die reichlichen Tribut dafür gern zahlen würde. Ein wissenschaftlich gebildeter Kater will doch immer mehr sagen als ein frühreifer Junge, dem man die Exercitia eingetrichtert. – Überdem erspart ich mir einen Schreiber! – [...]."[58]

Der Künstler bei Hoffmann

Die Angst vor Vermarktung und Konkurrenz steht repräsentativ für die neuartigen Sorgen des neuen bürgerlichen Künstlertyps im Gegensatz zu den Künstler-Leiden im feudal anachronistischen Umfeld der Restaurationsepoche nach 1815, mit denen Murrs vermeintlicher Antipode Kreisler zu kämpfen hat. In feudaler Gesellschaft ist dieser noch nicht von der Dominanz des anonymen Marktes betroffen, sondern sieht sich vielmehr immer noch in einer personenbezogenen Abhängigkeit von seinem konkreten (adligen) Brotgeber. Daher kann er sich, der romantischen Vorstellung vom Künstler gemäß, ohne sich im

Wesentlichen anzupassen oder einzugliedern, in seiner besonderen gesellschaftlichen Stellung noch bewusster gegen sein Umfeld behaupten, wenn auch um den Preis sichtbarer persönlicher Abhängigkeit. Den feinen aber deutlichen Unterschied zwischen der Position Kreislers und derjenigen Murrs zeigt folgende Charakterisierung Kreislers durch seinen Mentor Abraham:

> „Seht, der Kreisler trägt nicht eure Farben, er versteht nicht eure Redensarten, der Stuhl, den ihr ihm hinstellt, damit er Platz nehme unter euch, ist ihm zu klein, zu enge [...]"[59]

Kreisler assimiliert sich also so wenig an sein Umfeld, dass er nicht einmal deren Redensarten versteht. Dabei geht es um die Sprache der Gesellschaft, in der er lebt und von der er genauso abhängig ist wie die Hauskatze, denn Kreisler ist in der ständischen Gesellschaft ebenso ein rangniedrigeres Wesen. In dieser Hinsicht darf Murr nicht wie allzu oft in älterer Forschungsliteratur (u.a. bei Hans v. Müller) behauptet, als philiströses Gegenstück zum idealisierten romantischen Künstlertypus des Kapellmeisters betrachtet werden, sondern wird vielmehr parallelisierend diesem als moderne Künstlervariante nebengeordnet. Der Dualismus des Handlungsaufbaus dient somit als künstlerisches Hilfsmittel, um unterschiedliche Gesellschaftsschichten wie die feudale und bürgerliche Sphäre zusammenzufügen und die sozialen Aspekte der Künstlerproblematik vielseitiger und differenzierter zu gestalten[60]. Insoweit kann im „Murr-Roman" ein Vorläufer der sozialen oder auch sozialkritischen Dichtung gesehen werden.

Hoffmanns biographischer Bezug zu den Haustieren

Wenn Hoffmann sich in seinen Werken als feiner Kenner des Tiernaturells offenbart, es in besonderer und für ihn spezifischer Weise entfaltet und ergründet, so hängt dies mit der Tatsache zusammen, dass für seine Tier-Protagonisten reale Vorbilder existierten und nicht nur eine persönliche Bekanntschaft, sondern vielmehr ein inniges, enges Verhältnis Autor und Tier verband. Während die von Hoffmann zum Tode seines Katers (Murr!) aufgegebene, oft zitierte Anzeige von seiner liebevollen Bindung zeugt, geben Tagebucheinträge und Berichte Kunde von außergewöhnlicher Sympathie, die Hoffmann dem Haushund Pollux in der Bamberger Wirtschaft „Rose" entgegenbrachte. Dieser Hund gab das Modell für den Hoffmannschen Berganza ab.

Auffällig sind in diesem Zusammenhang auch Berichte über Murr und Berganza, die von einem Menschen wie Meister Abraham oder Hoffmanns fingiertem Ich-Erzähler aus den *Fantasiestücken* gerettet werden, durch den mehr oder weniger offensichtlich der Autor spricht. Aus diesen Vorgeschichten ergibt sich das jeweilige Abhängigkeitsverhältnis zwischen Haustier und Mensch, Zögling und Meister. Eine weitere Gemeinsamkeit der Lebensgeschichte beider Tiergestalten liegt in dem zeitweiligen Aufenthalt in der Obhut des Kapellmeisters Kreisler. So wie laut Berganza Kreisler mit ihm zu sprechen pflegte, richtet auch Meister Abraham regelmäßig, wenn auch scherzhaft, Worte an Murr, der sich während seiner Niederschrift bei ihm aufhält.

Ein ebenso interessanteres Beispiel für die Kommunikation zwischen Mensch und Tier liefert das geheime Bündnis zwischen Berganza und dem von ihm heiß und innig geliebten Mädchen Cäcilia, die sich vom Hund weit mehr verstanden fühlt als von den sie umgebenden Mitmenschen. Hierbei klingt das romantische Motiv der Verwandtschaft poetischer Gemüter an, die sprachlos zu kommunizieren in der Lage sind bzw. sich in der Sprache der Urpoesie verständigen können.

Man sollte daraus schließen, dass Hoffmanns Haustierfiguren den romantischen Charme der Unergründlichkeit und Subtilität beizubehalten suchen, wenn sie ihre Sprachfähigkeiten den Menschen gegenüber geheim halten. Dies würde verständlich sein, da es sich bei Katze und Hund um in der Tat schon weit an den Menschen gewöhnte, als Nutztiere gehaltene Wesen handelt, deren Gesellschaft der Mensch als derartig normal empfindet, dass er sie zu „entromantisieren" scheint, ihnen alles Geheimnisvolle und Unergründliche gänzlich abzusprechen gewillt ist. In dieser Hinsicht unterscheiden sich Murr und Berganza auch wesentlich etwa von der im nächsten Teil noch ausführlich behandelten Figur des Affen Milo aus der *Nachricht von einem gebildeten jungen Mann*, dem Vorbehalte gegenüber der menschlichen Kultur fern liegen und an dem die Zivilisierung als negativ dargestellt wird. Es sind also bei der Darstellung des Anpassungsprozesses von Murr und Berganza einerseits und dem des Affen Milo andererseits unterschiedliche Akzente gesetzt.

Haustier und Künstler als „ewige Juden"

Während es später ausführlicher um das Verhältnis der Haustierfiguren zur menschlichen Gesellschaft geht, das sich beständig zwischen Nachahmung und kritischer Distanz hin und her bewegt und im Verwandlungs- bzw. Verbildungsprozess offenbart, soll vorerst die Figur des Haustieres auf die Nähe zur Künstlernatur hin überprüft werden. Wenn das Haustier für Hoffmann, wie oben bereits dargelegt, als Mischwesen für eine allerorten fremde Natur steht, scheint der Künstler einem vergleichbaren Schicksal zu unterliegen: Die errungene Selbständigkeit als „de jure" gleichberechtigtes Individuum, die mit der Stärkung des Bürgertums einherging, brachte den Künstler zugleich in neue, eher anonyme Abhängigkeitsverhältnisse, wie besonders die der Marktprinzipien von Angebot und Nachfrage, von Kauf und Verkauf. Wie Eberhard Lämmert feststellt, hatte die Freisetzung der Künstlerindividualität in der Kluft zwischen errungener Selbstverantwortung für das eigene Schaffen und dem Verlust aller ständischen und sozialen Sicherheiten einen Lebenswiderspruch nach sich gezogen.[61]

Unter den neuen Verhältnissen nach der Französischen Revolution bildete sich ein neuer bürgerlicher Künstlertyp heraus, dessen Außenseiterrolle auf dialektische Weise gerade auf seiner formellen Integration in die marktbestimmte Gesellschaft beruht. Das Gefühl der Fremdheit bleibt, wandelt sich aber grundlegend und wird dabei noch diffiziler und diffuser. In Deutschland, also der Lebenswelt Hoffmanns, kommt noch hinzu, dass die anachronistischen Zustände einer „restaurierten" Kleinstaatenwelt ohne vorherige bürgerliche Revolution die menschlichen Verhaltensweisen mit ihren philiströsen Bildungsstrebereien besonders ins Skurril-Lächerliche verzerrten. Da bürgerliche Teilhabe an der Politik hier nicht möglich war, diente abstrakter, losgelöster Bildungseifer als Emanzipationsersatz.

Daher scheint das Haustier als adäquates Sprachrohr des Autors, als spezifischer Ausdruck seiner selbst hervorzugehen, wenn er, indem er sich ins Tierfell verkriecht, auf die Unvereinbarkeit seines Künstlertums mit der deutschen Bürgermisere aufmerksam macht:[62] So wie das Haustier in menschlicher Gesellschaft lebend anthropomorphisiert wird, nimmt der bürgerliche Künstlertyp weitgehend habituelle Strukturen des bürgerlichen Umfeldes an, und ebenso wie das bei und mit den Menschen lebende Haustier immer auch sein Tiernaturell beibehalten wird, bleibt beim Künstler stets das Gefühl der Fremdheit und Einsamkeit. Paradoxer Weise begibt sich der „Haustier-Künstlertyp" somit in die Gesellschaft, um sich von ihr zu unterscheiden.

An Murr zeigt sich dabei deutlich, dass das Abhängigkeitsverhältnis freiwillig eingegangen wird: Die Erkenntnis „Je mehr Kultur, desto weniger Freiheit"[63] lässt ihn nicht vor der Bindung an die Menschen zurückschrecken. Vielmehr wird der Verlust der Freiheit angesichts der Vorzüge und Bequemlichkeiten der „höheren Kultur" gerne in Kauf genommen.

Die Außenseiterrolle in einer ihm wesensfremden Gesellschaft trägt für das Haustier zudem folgenden Zwiespalt mit sich: In Tiergesellschaft fühlt es sich entfremdet und als intellektueller Außenseiter, aber auch bei den Menschen bleibt ihm nur die Rolle des Fremden, da es sein inneres Wesen sowie sein Talent und die erworbene Bildung nicht zeigen darf bzw. nicht zeigen will. Dass Murr sehr unter der mangelnden Anerkennung leidet und sein Talent nur ungern verbirgt, illustriert ein Absatz, in dem er die Vorurteile der Menschen gegenüber talentierten Katern reflektiert, nachdem er sich in Vorstellungen seiner Möglichkeiten, abgedruckt und verlegt zu werden, ergeht:

> „ Aber ich weiß es schon, die Herren Redakteurs und Verleger fragen: wer ist dieser Murr? und erfahren sie denn, daß ich ein Kater bin, wiewohl

der vortrefflichste auf Erden, so sprechen sie verächtlich: ein Kater und will schreiben! – Und hätt' ich Lichtenbergs Humor und Hamanns Tiefe – (...), doch erhielte ich das Manuskript zurück, bloß weil man mir vielleicht meiner Krallen halber keine amüsante Schreibart zutraut. So was chagriniert! – O Vorurteil, himmelschreiendes Vorurteil, wie befängst du doch die Menschen, und vorzüglich diejenigen, die da heißen Verleger!"[64]

Berganza vergleicht sein „bejammernswürdiges" „Schicksal eines armen Hundes, der verdammt ist, recht was man sagt, aus der Schule zu schwatzen, wenn ihm einmal der Himmel zu sprechen erlaubt"[65] mit dem des „ewigen Juden"[66], der „Prügel-, Schuß- und Stichfest in der Welt umher[laufe]" und dessen „Ruhestätte nirgends zu finden"[67] sei. Wenn Berganza sich sprichwörtlich mit den Juden verwandt sieht, so liegt eine Parallele vielleicht auch zum Bildungseifer Murrs vor: Die damals mittels ihrer Bildungsbestrebungen beginnende Integration der Juden in die bürgerliche Gesellschaft wurde von vielen in Deutschland von Anfang an abgewehrt.

Somit verhält sich die Stellung der Haustiere Murr und Berganza zum Menschen ähnlich wie die damalige Stellung des gebildeten, assimilierten Juden zum christlich-bürgerlichen Umfeld, indem sich der nicht mehr in erster Linie religiös definierende Jude in diesem Falle vor allem als Deutscher sieht, dabei aber nur schwer akzeptiert wird. So sprach ja Heinrich Heine nach seiner Konversion zum Christentum von dieser als dem „entrée-billet" in die europäische Kultur, was ihm gerade von dem von ihm anvisierten Milieu als opportunistisch ausgelegt wurde. Als autobiographischer Beleg soll an dieser Stelle ein Brief Hoffmanns vom 1. März 1795 an seinen Freund und Vertrauten Hippel dienen, der Ausdruck eines wegen seiner enormen Anpassungsfähigkeit verlassenen und einsamen Gemütes ist:

„Ich komme eben von einer kleinen Fete, zu der man mich geladen hatte – da war ich geschwätzig – altklug bey den Alten, religiös bey den religiösen, galant bey den Damen – und im Grunde so einsam, als wär' ich in die Einöde versetzt gewesen."⁶⁸

Die Menschenkenntnis des Tieres

Auch ließe sich mit Knigges These von der Überlegenheit des Tieres als sinnlicher Existenz⁶⁹ leicht ein Bezug herstellen zwischen Tiernatur und Künstlerwesen: In seinem Handbuch *Ueber den Umgang mit Menschen*, das nach seinem Erscheinen um 1788 ein großer Erfolg wurde, fügt Adolph Freiherr Knigge das 9. Kapitel „Ueber die Art, mit Thieren umzugehn" hinzu und spricht sich mit dem Verweis auf die Kreatürlichkeit gegen die naturwissenschaftlich begründete Hinnahme der Tierquälerei aus. So sei keine Kreatur dazu befugt, mit einer anderen Kreatur Gottes sein Spiel zu treiben. Ferner beruhe die ganze Existenz des Tieres, dessen Sinne besser, sensibler und schärfer als die des Menschen sind, auf sinnlichen Erfahrungen. Die Leidensfähigkeit des hoch sensitiven Tieres wäre dann, würde man Knigges Gedanken weitertreiben, ebenso größer, da die Tiere sich nicht mit den Modalitäten der Vernunft gegen die Qualen wehren können. Im Allgemeinen kann das Tier also dem Menschen den Weg in die Welt der Empfindsamkeit weisen.

Das Spannungsverhältnis zwischen Künstler und Bürger wäre somit auf die Beziehung zwischen Haustier und Mensch anzuwenden, damit zu parallelisieren und auszuweiten: Auch der Künstler erhebt den Anspruch, zumindest einen, oder wie bei Hoffmanns Doppelbegabungen mehrere seiner Sinne feiner und schärfer ausgeprägt zu haben als die „Normalbürger" und ihnen überhaupt sinnlich überlegen zu sein. Er drückt sich als Künstlerexistenz ebenso wie das Tier in einer „Sprache ohne Worte" aus, die eher sinnlich als rational ist und vornehmlich Gefühle und Empfindungen ausdrückt. Gleichzeitig sind dabei Künstler und Haustier in der Lage, die menschliche Sprache, auch übertragen gemeint als Ausdruck gesellschaftlichen Verhaltens zu verstehen und zu entschlüsseln.

Die Tatsache, dass Hoffmanns Haustiere überdies auch noch befähigt sind, diese Sprache selbst anzuwenden, diese Fähigkeit aber vor Menschen geheim halten und sich ihrer nur in Tiergesellschaft oder bei kritischer Reflexion wie beim Schreiben bedienen, lässt auf eine Überlegenheit schließen. Die Art und Weise wie Murrs geheimes Verständnis und seine tiefe Kenntnis des menschlichen Wesens dargestellt werden, erinnert an Montaignes Idee von der mit dem Menschen spielenden Katze, dem über den Menschen urteilenden Tier.

Die von Montaigne angestellten Überlegungen über die Möglichkeit der Tiere, den Menschen zu durchschauen und zu beobachten[70], klingen also auch bei Hoffmann an: Während Murrs Neider bloß einen Verdacht hegen und ohne etwas beweisen zu können, nur Mutmaßungen über das Wesen des Katers aufstellen, sieht sich Murr stets vor klare Tatsachen gestellt: Dank seiner geschärften Sinne, der gespitzten Ohren, mit denen ihn die Natur glücklicherweise gesegnet hat, wie auch dank seiner genialen Auffassungsgabe für die menschliche Sprache, versteht und durchschaut er die Absichten des Professors der Ästhetik, auch wenn dieser sie dem Kater durch Flüstern zu verheimlichen sucht. Ebenso verfügt Berganza als Haustier über eine erstaunliche Kenntnis des menschlichen Wesens:

> „Nun liege ich unbeachtet als Hund unter dem Ofen, und Eure innerste Natur, ihr Menschlein! die ihr ohne Scham und Scheu vor mir entblößt, durchschaue ich mit dem Hohn, mit dem tiefen Spott, den Eure ekle leere Aufgedunsenheit verdient."[71]

An Montaigne anknüpfend, stellt auch Kreisler angesichts des schlafenden Katers Murr Überlegungen zum Wesen des Tieres an. Es wird deutlich, dass auch seine Argumentation die rationalistische Reduzierung des Tieres auf den „Tierautomaten" von Descartes infrage zu stellen und die vordergründig-aufklärerische These mit einer romantisch geprägten Auffassung zu widerlegen versucht:

> „Wer kann es sagen, wer nur ahnen, wie weit das Geistesvermögen der Tiere geht! – Wenn uns etwas, oder vielmehr alles, in der Natur unerforschlich bleibt, so sind wir gleich mit Namen bei der Hand, und brüsten uns mit unserer albernen Schulweisheit, die eben nicht viel weiter reicht als unsere Nase. So haben wir denn auch das ganze geistige Vermögen der Tiere, das sich oft auf die wunderbarste Art äußert, mit der Bezeichnung Instinkt abgefertigt. Ich möchte aber nur die einzige Frage beantwortet haben, ob mit der Idee des Instinkts, des blinden willkürlosen Triebes, die Fähigkeit zu träumen vereinbar sei. Daß aber z. B. Hunde mit der größten Lebhaftigkeit träumen, weiß jeder, der einen schlafenden Jagdhund beobachtet hat, dem im Traum die ganze Jagd aufgegangen."[72]

Anpassung und „Sündenfall"

Während Neid und Konkurrenzdenken als klare Motive der Verdächtigungen des Ästhetik-Professors auf der Hand liegen, sind aus der Reaktion Meister Abrahams auf Murrs vermeintliche Bildung noch andere Gründe der Ablehnung abzulesen:

> „Kater, wenn ich wüßte daß du, deine ehrliche natürliche Natur ganz und gar verleugnend, dich wirklich darauf verlegtest, solche vertrackte Verse zu machen, [...] daß du wirklich den Wissenschaften nachstelltest, statt den Mäusen, ich glaube, ich könnte dir die Ohren wund zwicken [...]"[73]

Aus der Sicht Meister Abrahams weisen Murrs schriftstellerische und wissenschaftliche Tätigkeiten auf Selbstverleugnung. Abraham wirft ihm, ähnlich wie oben im Falle Heines beschrieben, Opportunismus vor. Auch im Umgang mit anderen Tierfiguren zeigt sich Murrs assimilierendes Wesen sowie die Entfremdung seiner eigenen Natur: Die Freundschaft mit dem Pudel Ponto bringt ihn dazu, „Pudelisch" zu erlernen, wobei er sich in die „pudelischen" Gedanken so weit vertieft, dass seine eigentliche Sprachfertigkeit zurückbleibt und er selbst nicht mehr versteht, was er denkt.[74] Wenn sich Murr in Hunde-Gesellschaften einzubringen sucht, kommt es einem äußersten Verbiegen seines Katzenwesens gleich. Erst spät kommt Murr zu der Einsicht:

> „[...] ich sah ein wie albern es war, mich als einen gebornen Kater unter Hunde zu mischen, die mich verhöhnten, weil sie nicht meinen Geist zu erkennen vermochten [...]"[75]

Bei Berganza kommt es ebenso infolge seiner menschlichen Anwandlungen, seines Verwandlungsprozesses, zu einer Entfremdung seines natürlichen, ursprünglichen Wesens: Wenn ihn plötzlich „ganz besondere Appetite" anwandeln, ihn „neue und unbeschreibliche Gefühle ängstigen und pressen" und die ihm sonst so vertraute Natur zuwider und fremd wird, schämt er sich, Hund zu sein:

> „Da möchte ich aufrecht gehen, den Schwanz einklemmen, [...] und nichts hündisches an mir spüren.– Ja es ist mir dann entsetzlich, ein Hund zu sein [...]."[76]

Berganzas Selbstverleugnung geht also einher mit der Entfremdung von der Natur und ihrer „Entromantisierung":

> „Zuletzt bin ich ein Mensch und beherrsche die Natur, die Bäume deshalb wachsen läßt, daß man Tische und Stühle daraus machen kann, und Blumen blühen, dass man sie als Strauß in das Knopfloch stecken kann."[77]

Das Tier steht hier nicht mehr für die ursprüngliche Harmonie des friedlichen Geborgenseins in der Natur, sondern bezeichnet vielmehr den Austritt aus dem Paradies. Da es nun gilt, den Sündenfall mit dem Assimilationsprozess des Haustieres an den Menschen in Verbindung zu setzen, ist darauf hinzuweisen, dass die Sünde, wenn sie im Essen vom Baum der Erkenntnis besteht, auch ihre positive Seite, ihre Erkenntnisfunktion hat: Da Berganza die Laster der menschlichen Zivilisation „am eigenen Leib" gespürt hat, weiß er, wovon er spricht.

Somit sollten sowohl der Verwandlungsprozess Berganzas zum Snob als auch Murrs „Verbildung" und seine Anpassung an die bürgerlichen Gesellschaftsverhältnisse, durch die er zum „verlogenen Dichter für eine verlogene Gesellschaft"[78] wird, als notwendig erscheinen, um die menschlichen Gesellschaftsstrukturen zu erkennen und deren Sprache zu erlernen. Auch wenn Berganza und Murr die Makel und Laster der bürgerlichen Gesellschaft erkennen, begeben sie sich doch immer wieder in diese ihnen zutiefst wesensfremde Gesellschaft und scheinen sich förmlich in sie hineinzudrängen. Denn ohne die Vertrautheit mit dieser Gesellschaft und gerade auch mit ihrer elaborierten Bildungssprache, kann kein Verständnis aufgebracht werden, das als Vorraussetzung für eine kritische Reflexion unabdingbar ist. Somit gewinnt die Sprache, die das sprechende Tier dazu befähigt, seinem Leiden an der menschlichen Gesellschaft Ausdruck zu verleihen und die Übel zu benennen, gleichzeitig eine assimilierende und integrierende Funktion. Für den außenseiterischen Künstler trägt die Sprache also einerseits als Ausdrucksmittel und Grundvoraussetzung zur Ausbildung seines Selbstverständnisses bei, macht aber andererseits für ihn die Reflexion fremder Verhältnisse immer schwieriger, da mit der sprachlichen Assimilation ja auch Umgangsformen und Auffassungen der ihn aufnehmenden Gesellschaft verinnerlicht werden. Der unvoreingenommene Blick von Außen auf die Gesellschaft wird durch nunmehr eigene Betroffenheit getrübt, wenn nicht gar verstellt. Obwohl Hoffmanns Tier-Protagonisten, insbesondere Murr mit seinen Ausflügen in die „Katzburschengesellschaft"[79] (den Habitus studentischen Verbindungswesens), philisterhafte Züge annehmen, gelingt es ihnen doch, eine skeptisch-distanzierte Haltung gegenüber ihrem Umfeld einzunehmen, wie es sich in Murrs äußerst scharfen Beobachtungen und Charakterisierungen in seiner Niederschrift zeigt.[80]

Deswegen sei bemerkt, dass den philiströsen Anwandlungen der dargestellten Vermenschlichung, dem Sündenfall als solchem, der Erkenntnisprozess noch nicht innewohnt: Nur indem Hoffmann seine Haustierfiguren dazu befähigt, durch reflektierende Schriftstellerei oder „Rückverwandlung" wieder zur nötigen Distanz zu der sie umgebenden Gesellschaft zurückzufinden und ihr eigenes, ewig-fremdes Naturell beizubehalten, so dass „bei allen menschlichen Eigenschaften ihr Tiernaturell […] nie in Vergessenheit gerät"[81], wird der so genannte Sündenfall möglich und führt zur gesellschaftlichen Erkenntnis. Wenn Beardsley auf das triadische Denken Hoffmanns hinweist[82], zeigt sich also auch hier wieder die dreigeteilte Struktur der Poetik Hoffmanns: Durch den „Sündenfall" gerät das Tier aus dem Zustand einer ursprünglichen Harmonie in den Zustand der dissonanten Zerrissenheit seiner Haustierexistenz, den es mehr oder weniger durch distanzierte Reflexion aufzuheben vermag[83].

Zur Behandlung des Affenmotivs bei E.T.A. Hoffmann

Das Hoffmannsche Affenmotiv im Kontext seiner kulturhistorischen Bedeutung

Während Hoffmann bei seinen Haustierfiguren Kulturkritik aus der Perspektive von „integrierten Außenseitern" übt, nutzt er bei den Affen oder äffischen Figuren deren kulturhistorische Bedeutung von Simulation und Imitation, also von „Nach-Äffen", um das Verhältnis von Individuum und Gesellschaft darzustellen.

Wegen seiner arteigenen Befähigung zur Nachahmung wurde der Affe in der Kunstgeschichte seit jeher in der Rolle der Künstler-Muse oder des Künstler-Dämons, aber auch einfach als Versinnbildlichung des Malers selbst dargestellt, dessen Tätigkeit ja vornehmlich in der Wiedergabe der Natur, also der „imitatio naturae" bzw. in der Mimesis-Tradition gesehen wurde.[84] Die Nachahmung der Natur erfuhr dabei im christlichen Kontext, insbesondere im Mittelalter und seines „Wiederauflebens" in der Romantik, insofern eine negative Konnotation, als sie – der Vollkommenheit des Schöpfers gegenübergestellt – mit einer Mangelhaftigkeit sinnlich gebundener Kreatürlichkeit oder auch mit sündhafter Anmaßung in Verbindung gesetzt wurde. Daher galt der Affe nunmehr auch im Allgemeinen als Symbol des sündigen, an körperliche Triebe wie an seine Kreatürlichkeit gebundenen Menschen[85]. In diesem Sinne stellt der bereits im Zusammenhang mit der romantischen Naturwissenschaft erwähnte Biologe Lorenz Oken den Affen in seinem 1802 verfassten *Grundriß der Naturphilosophie, der Theorie der Sinne und der darauf gegründeten Classification der Thiere* als „Nachtseite des Menschen" dar.

Das Motiv von der Vergeblichkeit menschlichen Strebens, das Schöpfertum nachzuahmen, wurde immer wieder künstlerisch thematisiert, so etwa, um eines der bekanntesten Beispiele zu nennen, in der kleinen Holztafel „Zwei angekettete Affen" (1562), auf der Pieter Bruegel d. Ä. den Affen als Symbol für die an die Festung des Leibes gekettete Kreatur darstellt.

Wenn der Affe kulturhistorisch also eine Versinnbildlichung des Menschen in seiner sinnlich gebundenen Kreatürlichkeit darstellt, impliziert er als künstlerisches Motiv immer auch die Aufforderung zur Selbstironie und Reflexion, zumal der Künstler sich in seiner „äffischen", weil Kunst schaffenden Rolle stets auch selbst persifliert.[86]

Es liegt nahe, zu vermuten, dass diese selbstparodistische Komponente den ohnehin zu Ironie und Selbstpersiflage neigenden E.T.A. Hoffmann angezogen habe. Daher soll im Folgenden nicht nur aufgezeigt werden, dass Hoffmann die zeitgenössische Auffassung von der Kunst als Nachahmung der Natur (ars simia naturae), wie sie etwa in Schillers ästhetischen Schriften zum Ausdruck kommt, anhand seiner Affenfiguren der Lächerlichkeit preisgibt[87], sondern es sollen ebenso Überlegungen zur Eignung der Affenfiguren als Identifikationsfiguren Hoffmanns aufgestellt werden.

Die besondere Eignung des Affen als Sinnbild des Menschen liegt aber natürlich vor allem in seiner sich aus evolutionsgeschichtlichem Zusammenhang ergebenden Ähnlichkeit mit dem Menschen, was ihn vor allen anderen Tieren auszeichnet und weswegen er, wie Horst Jürgen Gerigk bemerkt, „immer wieder als der beunruhigende Doppelgänger des Menschen empfunden worden"[88] ist.

Die Immanenz dieser Doppelgängerthematik mag dabei Hoffmanns Interesse am literarischen Motiv des Affen mitbegründet haben ebenso wie die beim Affenmotiv gegebene Möglichkeit zu Satire und Gesellschaftskritik, die seit der klassischen Antike bei der Darstellung vom Affen als Travestie des Intellektuellen sowie im Motiv der Affenschule ihre satirische Verwendung fand[89]: Im sozialgeschichtlichen Kontext wurde der gelehrige Affe gerne als Metapher für den Kulturmenschen gebraucht, wobei sein Nachahmungstrieb kulturelles Bestreben darstellt in dem Sinne, dass Kultur als gelungene Anpassung, gekonnte Nachahmung und Vortäuschung des Authentischen verstanden wird[90]. Mit der Moral, dass Authentisches in der bestehenden Welt keinen Platz habe, wird der Mensch als Affe zum „bildlichen Ausdruck für das Unbehagen in der Kultur"[91], der ihre Nachahmungswürdigkeit abgestritten wird. In diesem Zusammenhang wird der (Kultur-)Mensch als dressierter Affe entlarvt, der – sein äffisches Vorleben verdrängend – folglich unter Identitätsverlust zu leiden habe und ihm daher der mit (Selbst-)Bewusstsein versehene Affe überzuordnen sei.

Im Sinne einer als widernatürlich gekennzeichneten Entwicklung vom „Naturmenschen" zum „Kulturmenschen", wie etwa in der Kulturkritik eines Jean-Jaques Rousseau beschrieben, wurde dem Affen auf diese Weise eine Gegenposition zum Humanitäts- und Bildungsideal der Aufklärung zugeschrieben. So kommt dem Affen die Rolle zu, quasi „am eigenen Leibe" die Oberflächlichkeit einer „Philisterbildung" zu entlarven, die „nicht tiefer geht als die Kleidung und die dünne Schicht anerzogener ‚Kultur' des Affen" [92].

Als weiteren Aspekt, den das Affenmotiv beinhaltet, soll in seiner Relevanz für Hoffmanns Werk zuletzt die metaphorische Bedeutung des Affen als eines Paria bzw. eines Außenseiters in der menschlichen Gesellschaft hervorgehoben werden: Der unter den Menschen lebende Affe erblickt sich - in seinem Affenwesen sich von den Menschen abhebend und zum Außenseiter stigmatisiert - im Spiegel seiner Umwelt als Un-Mensch und reagiert entsprechend dem Bild, das die Gesellschaft von ihm hat, unmenschlich[93]: Wie im Weiteren noch aufgezeigt werden soll, wird „das Unmenschliche" bei Hoffmann jedoch in grotesker Verkehrung gerade als wesentliche Komponente beim Erwerb menschlicher Kultur und als Frucht der Zivilisierung herausgestellt.

Die textimmanente Bestimmung des Affenwesens von Milo und Klein Zaches

Um im Folgenden die Untersuchung des Affenmotivs anhand zweier relevanter Figuren durchzuführen, bedarf es vorab der Erklärung, warum neben dem eindeutig als Affe zu identifizierenden Milo außerdem noch die in ihrem Wesen fragwürdige und keineswegs eindeutig definierte Figur des Klein Zaches zur Analyse herangezogen wird.

Milos äffisches Wesen

Wenn jedoch erst einmal der Figur Milos verstärkte Aufmerksamkeit gewidmet werden soll, ist hierfür ebenso grundlegend wie wichtig, die Rolle der *Nachricht von einem gebildeten jungen Mann* innerhalb der *Kreisleriana* aufzuzeigen, als deren Teil sie von Hoffmann präsentiert wird. Indem die *Kreisleriana* den Weg eben jenes, uns bereits im Zusammenhang mit Murr und Berganzas bekannten Kapellmeisters Kreisler in den Wahnsinn dokumentieren, beansprucht die *Nachricht von einem gebildeten jungen Mann* wie Horst-Jürgen Gerigk in seiner Untersuchung zum „Menschen als Affe" feststellt, insofern eine Sonderrolle für sich, als Kreisler in ihr „im Gewand satirischer Reaktion auf einen ‚gebildeten jungen Mann' seine Argumente gegen die Umwelt, in der er zu leben gezwungen ist"[94], formuliert. Das Schreiben Milos, des gebildeten jungen Mannes, ist nach Gerigk also als Exkurs aufzufassen, in dem Kreisler, die *Nachricht* auf die weißen Rückseiten seiner Notenblätter schreibend, die Fiktion entwirft, Milo habe ihm einen offenen, an seine Affenfreundin in Nordamerika gerichteten Brief ‚zur Bestellung' übergeben.[95]

In der *Nachricht von einem gebildeten jungen Mann* spiegelt nicht allein das fingierte Schreiben Milos als eines naiven Verfassers klar und deutlich seine Affenexistenz wider, sondern bereits die dem Brief vorangestellten Worte des in hohem Maße reflektierten Kapellmeisters Kreisler als fiktivem Herausgeber führen Milo als Affen in die Geschichte ein: Kreisler, der genau wie bei Murr auch hier bei Milo als künstlerische Gegenposition bzw. Parallelfigur auftritt, deckt, wenn er wie schon im Titel Milo zwar einen gebildeten jungen Mann nennt und ihn als liebenswürdigen Jüngling bezeichnet, im Weiteren dessen „ursprüngliche Profession" auf, nämlich dass dieser von Geburt aus eigentlich ein Affe sei[96]. Wie Kreisler ferner einräumt, merke man von Milos exotischer Herkunft aber nicht das Mindeste, so dass zwar auch in der *Nachricht von einem gebildeten jungen Mann* das für Hoffmann und auch das gesamte 19. Jahrhundert charakteristische Leitmotiv der Täuschung von Erscheinungsbildern[97], also der Diskrepanz zwischen gesellschaftlichem, d.h. öffentlichem Auftreten und wirklichem Sein anklingt, aber grundlegend anders zum Tragen kommt als in der Erzählung *Klein Zaches genannt Zinnober*.

Das Problem der Definition von Zaches als Affe

In dieser Erzählung wird nämlich nicht nur die in der Geschichte fingierte Gesellschaft mit der Frage der Identifizierung von Klein Zaches' Existenz beschäftigt und also das Motiv der Verstellung auf der Ebene der Erzählhandlung thematisiert, sondern zudem wird auch der Leser über Zaches' wahre Identität im Unklaren gelassen. Wie noch zu zeigen sein wird, tritt auch die fiktive Erzählergestalt nicht als allwissend in Erscheinung.

Wenn es im Folgenden um eine Differenzierung von Zaches' „hergestellter" und „vorhandener" Erscheinung, d.h. von Maske und eigentlicher Figur gehen wird, soll zuerst eine Betrachtung der textimmanenten Nennungen bzw. Bezeichnungen seiner Person erfolgen, was sich im Wesentlichen nur auf den Beginn der Erzählung bezieht, nämlich nur bis zu dem Punkt, wo Zaches mit der Wundergabe der Täuschung ausgestattet wird: Zu Beginn der Geschichte, wo uns Klein Zaches als Junge von dreieinhalb Jahren vorgestellt wird, spricht seine Mutter über ihn als „Wechselbalg", „Missgeburt", „kleinen Däumling" [98], nennt ihn später noch eine „arge Bestie", „kleine Ungestalt", einen „abscheulich garstigen Jungen" und „einfältigen Knirps". Darüber hinaus vergleicht sie Zaches mit einer Katze, da er „knurrt und miaut, statt zu reden"[99].

Auch der Erzähler bestimmt Zaches' Wesen nicht eindeutig, wenn er ihn etwa als „abscheulichen Wechselbalg" und „böses Alräunchen" bezeichnet, als einen „kaum zwei Spannen hohen, mißgestalteten Jungen" [100], den „man auf den ersten Blick sehr gut für ein seltsam verknorpeltes Stückchen Holz" halten könne und der „aussah wie ein gespaltener Rettich"[101], „ein auf eine Gabel gespießter Apfel" oder eben einfach wie ein „kleines seltsames schwarzes Ding" [102].

Die Beschreibungen des Erzählers von Zaches' äußerlicher Erscheinung sind auffallend umfangreich und erstrecken sich dabei über weite Passagen, so dass es scheint, als ließe sich Hoffmann geradezu lustvoll beim Entwerfen der als abscheulich und widerwärtig gekennzeichneten Gestalt aus. Auch werden Zaches oft verschiedenste und vielfältigste tierische Artikulationsweisen zugeschrieben, wenn Zaches etwa „miaut", „gar häßlich knurrt und maunzt"[103], sich sträubt, spreizt und beißt oder weinerlich quäkt. Überhaupt ist die Figur des Zaches' auch mit tierischen Attributen gezeichnet wie „Spinnenbeinchen"[104], einer „lange[n] spitze[n] Nase, die aus schwarzen struppigen Haaren hervorstarrt[] und ein[em] Paar kleine[r] schwarz funkelnde[r] Äuglein". Vom Fräulein Rosenschön, das sich später als die Fee Rosabelverde entpuppt, wird Zaches schließlich bei ihrer für Klein Zaches schicksalsträchtigen Begegnung mit den Worten „Ruhig ruhig, kleiner Maikäfer!"[105] angesprochen, während sie ihm das struppige Haar glättet, scheitelt und auch die drei feuerroten Haare einflicht, auf denen der Zauber der Wundergabe beruht. Durch die höchst uneindeutigen Bezeichnungen und der unbestimmten Zuordnung tierischer Eigenschaften wird Zaches' als eine nicht eindeutig definierbare Erscheinung dargestellt.

Dies wird durch den weiteren Fortgang der Handlung noch verstärkt, da Klein Zaches die besagte Wundergabe verliehen wird, vermöge derer „alles, was in seiner [=Zaches'] Gesellschaft irgendein anderer Vortreffliches denkt, spricht oder tut, auf seine Rechnung kommen, ja daß er in der Gesellschaft wohlgebildeter, verständiger, geistreicher Personen auch für wohlgebildet, verständig und geistreich geachtet werden und überhaupt allemal für den vollkommensten der Gattung, mit der er im Konflikt, gelten muß"[106].

Dank dieser Wundergabe vermag sich Zaches künftig jeglicher physiognomischer Ausdeutung zu widersetzen, indem er von seiner eigentlichen Gestalt und seinem eigentlichen Wesen ablenken kann. Ebenso auf Grund dieser Gabe der Täuschung lässt ihn dann auch die Gesellschaft, in die er im Haus des Professors Mosch Terpin eingeführt wird, auch sogleich Karriere machen und unter dem Namen Zinnober bis zum Minister aufsteigen. Da Klein Zaches der durch ihn geblendeten Gesellschaft nur in verschiedensten, ständig wechselnden Gestalten gegenüber zu treten scheint, gestaltet sich im Fortgang der Geschichte die Aufgabe, Zaches' eigentliches Wesen zu identifizieren, als immer schwieriger. Dies zeigt sich u. a. im Scheitern der mit kriminologischer Detektivarbeit vergleichbaren Nachforschungen[107] im Hause des Magiers Prosper Alpanus, den der Student Balthasar als ein unter Zaches Haupt-Leidtragender Hilfe suchend zu Rate zieht. Balthasar und Prosper kommen zu dem unbefriedigenden Ergebnis, bei Zaches handele es sich weder um einen Wurzelmann, noch um einen Erdgeist, vielmehr müsse er ein ganz gewöhnlicher Mensch und daher mit einer „geheime[n] zauberische[n] Macht" im Bunde sein[108].

Aber selbst nach der Beseitigung dieses geheimen Zaubers in Form der drei feuerroten Haare sowie des magischen Kammes der Fee Rosabelverde scheint die Entlarvung von Zaches' eigentlicher Identität nicht geglückt. Stattdessen wirkt das Prinzip von Täuschung und Verblendung als Mechanismus auch nach Zaches' Tod in der Gesellschaft weiter: Die „Ent-Täuschung" der Gesellschaft erweist sich als nur allzu flüchtig, da sich bereits zur Trauerfeier des Entlarvten wieder das ganze Volk in Verklärung vereint zusammenfindet zur Re-Idealisierung des Ministers Zinnober und zur Wiederherstellung seines magischen Scheins.

Daher soll, wie bereits eingangs angekündigt, der Schlüssel zum Verständnis des Wesens von Zinnober, d.h. von Klein Zaches, bewusst außerhalb der ihn umgebenden, seinen Bannkreis darstellenden Gesellschaft gesucht werden: Wenn es dem als melancholische und anachronistische Erscheinung gezeichneten Studenten Balthasar in seiner Position als gesellschaftlichem Außenseiter zusammen mit den anderen von Zaches beim Erklimmen seiner Karriereleiter aus der Bahn geworfen und dadurch ebenfalls ins gesellschaftliche Abseits gedrängten Leidtragenden zumindest gelungen war, festzustellen, was Zaches nicht war, nämlich etwa der Verfasser des Gedichts „Von der Nachtigall und der Rose", der Interpret und Komponist des bejubelten Stückes oder der erfolgreiche Absolvent der Prüfung, so scheint nur die Gruppe der Fremden aus dem „siebenten Kapitel" ihn wirklich „wahr"zunehmen: Als diese Fremden nämlich in der im Zoologischen Kabinett spielenden Szene auf den inzwischen unter dem Namen Zinnober zum Minister aufgestiegenen Klein Zaches treffen, bezeichnen sie ihn immerfort als einen „allerliebsten Affen", ein „hübsches Äfflein" und „niedliches Tier"[109]. Auch lassen sie unerachtet seiner entrüsteten Einwände nicht davon ab, „ihn durchaus mit Lampertnüssen füttern"[110] zu wollen.

Obwohl diese Szene als solche für sich steht, darf man ihr durchaus eine weiterführende Bedeutung beimessen, da die Meinung der Fremden als unbeeinflusst dargestellt wird und ihre Perspektive auf Grund fehlender Integration in die verblendete Gesellschaft als unverstellt gewertet werden kann. Wie Horst Fritz in seiner Untersuchung „Verdinglichung als kollektiver Verblendungszusammenhang" zum Zaches-Märchen feststellt, ist es bezeichnend, dass die Entdeckung von Klein Zaches als eines Affen „aus der Perspektive jener anderen Position, die im eindimensionalen Bewußtsein der verblendeten Gesellschaft nicht mehr existiert und mithin nicht mehr als erkenntnisleitender Maßstab zur Verfügung steht", gemacht wird.[111] Diese Lesart eröffnet nun weiter auch ein Textverständnis über Zaches' wundersame Gabe: Versteht man nämlich Zaches nun als Affen, so begründet sich sein scheinbar unerklärlicher Erfolg in der seiner Art eigenen Fähigkeit, nachzuahmen bzw. nachzuäffen, zu simulieren und damit zu täuschen.

Der Affe als Vehikel der Bildungssatire und der Kulturkritik

In diesem Sinne soll im Folgenden herausgestellt werden, dass es sich bei der *Nachricht von einem gebildeten jungen Mann* sowie bei der Erzählung von *Zaches genannt Zinnober* um eine satirische Anlehnung an das dem klassischen Bildungsroman eigene Erfolgsmuster handelt, da die „Bildung" der zumal als Affen dargestellten Protagonisten als fragwürdig gekennzeichnet wird: Für die Affen besteht die Aneignung ihrer Bildung bzw. ihr Zivilisierungsprozess vornehmlich darin, sich gesellschaftlich-kulturelle Umgangsformen, die sich insbesondere in Egoismus und Geltungsdrang auszeichnen, nachahmend anzueignen und dabei dem Menschen, ihn karikierend, einen (Zerr-)Spiegel vorzuhalten. Hoffmann übt daher mit der dargestellten „Verbildung" seiner

Affenfiguren umfassende Kritik an der Handhabung des humanistischen Bildungsgedankens bzw. der Vorstellung von einer „Bildbarkeit" des Menschen im Sinne eines „humanistischen" Kulturbegriffs[112] und schreibt auch generell der kulturellen Anpassung eine negative Bedeutung zu: Indem die Mimesis des Äußerlichen das Bildungsziel bei der Erziehung zum anerkannten Mitglied der Gesellschaft darstellt, wird als „wahres Ideal des herrschenden Kulturzustandes" der zum dressierten, gelehrigen und eitlen Affen abgerichtete Mensch entlarvt.[113] Wenn Hoffmann die Gesellschaftskritik dabei also nicht durch den Mund der Affenfiguren üben lässt, so durch ihr negatives Beispiel selbst.

Milos und Zaches' ursprünglicher Zustand vor der Zivilisierung
Wenn nun der Entwicklungsprozess beider Protagonisten im gesellschaftlichen Umfeld untersucht wird, sollen in einem ersten Schritt alle erlernten, angeeigneten Wesensmerkmale, Fähigkeiten und Strategien außer Acht gelassen und stattdessen nur die Charakterisierung Milos und Zaches' ursprünglichen Zustandes vor der Zivilisierung und deren naturgegebene Voraussetzungen geschildert werden.

Milos Naturzustand
Da die Informationen zu Milos ursprünglicher Existenz nur aus der Fiktion eines zeitlichen Abstands und zumal aus subjektiver Sicht erfolgen, ist zu berücksichtigen, dass Milo bemüht ist, sich von seiner Herkunft zu distanzieren und seinen aktuellen Entwicklungsstand davon abzuheben: Zunächst einmal will Milo sich an unschickliche, unverständliche Laute erinnern, die er zur Artikulierung seiner dadurch nur angedeuteten Gefühle ausgestoßen hatte, sodann an die „unbehülflichen" Liebkosungen, die er seiner Freundin zu Teil kommen ließ. Ferner beschreibt er seine Herkunft, indem er über seine zurückgebliebenen Verwandten sagt, sie hüpften noch in den weiten, unkultivierten Wäldern auf den Bäumen herum, ernährten sich „von rohen, nicht erst

durch die Kunst schmackhaft gemachten Früchten" und sängen disharmonisch und unrhythmisch[114]. Die Lust, sich auf Bäume zu schwingen sowie seine geschickten Wurfkünste zu üben, kennzeichnet Milo dabei etwa im Sinne des Schicksals von Berganza als „gewisse [ihn ganz unversehens überfallende] Anwandlungen"[115] und als Eigenart, die auch trotz seines kultivierten Wesens noch ab und zu durchbrächen.

Im Weiteren distanziert sich Milo jedoch so weit von den Verwandten in den Wäldern, seiner Heimat, dass er sie sogar als „böse" bezeichnet, da unter ihnen noch Sittenlosigkeit und Barbarei herrsche und ihre Augen trocken und gänzlich ohne Tiefe des Gemüts seien. Den ihm in der menschlichen Gesellschaft so viel Erfolg bescherende Nachahmungstrieb will Milo als eine Eigenart seiner Gattung von Natur aus besessen haben ebenso wie ein „glückliches Mienenspiel", eine „etwas gerunzelte Stirn"[116] und – als weiteres körperliches Merkmal und „herrliche, natürliche Anlage" deklariert – die enorme Beweglichkeit seiner etwas länglichen Finger[117]. Eine andere Fähigkeit, mit der sich Milo bereits auf die Welt gekommen wissen will, ist schließlich die Geschmeidigkeit seines Stimmorgans, da er, wie ein berühmter, mit ihm befreundeter Sänger behauptet, zum Sänger geboren sei[118].

Aus Milos Angaben über seine natürlichen Anlagen und Fähigkeiten spricht jedoch viel eher der eitle Geniegedanke als aufrichtige Selbstwahrnehmung: Obgleich er sich bemüht, den Abstand zwischen sich und den nicht weiterentwickelten Artgenossen, den Repräsentanten seines naturgegebenen Entwicklungsstandes, als enorme Kluft aufzuzeigen, beansprucht er für sich doch gleichzeitig das dem Entwicklungsgedanken widerstrebende, weil angeborene Wesen eines Originalgenies, wie es die Epoche des „Sturm und Drang" im späten 18. Jahrhunderts verehrte.

Klein Zaches' Naturzustand

Die Angaben zu Zaches' ursprünglicher Existenz bis zur Begegnung mit der Fee beziehen sich neben seiner missgestalteten äußeren Erscheinung, die ihn als stigmatisierten Außenseiter kennzeichnet und den Eltern „Schand und Spott" bereitet, auf sein „asoziales" Wesen, mit dem er sich auch weiterer gesellschaftlicher Eingliederung widersetzt. Dies zeigt sich unter anderem darin, dass Zaches beträchtliche Mengen von Nahrung konsumiert ohne dabei entwicklungsgemäß wachsen zu wollen. Da Zaches das Konsumierte also weder selbst verwerten, noch seine Person für andere als künftige Arbeitskraft verwertbar machen kann. So spricht die Mutter in ihrer Verzweiflung:

> „Gott erbarme sich über ihn und über uns, dass wir den Jungen großfüttern müssen uns selbst zur Qual und größerer Not; denn essen und trinken immer mehr und mehr wird der kleine Däumling wohl, aber arbeiten sein Lebetage nicht!"

Im Sinne der Bezeichnung als Wechselbalg, bei dem es sich nach dem Volksglauben um ein missgestaltetes Kind handelt, das durch Zwerge oder einen Alp einer Wöchnerin an Stelle ihres eigenen Kindes untergeschoben wird, interpretiert das Fräulein von Rosenschön, alias die Fee Rosabelverde, Zaches' Existenz für die Mutter als eine sich an diese hängende „böse unheimliche Last"[119], die von ihr durch das Leben getragen werden will. Maßgeblich charakterisiert wird Klein Zaches also durch Unselbstständigkeit und Unterentwickeltheit, was sich bei ihm auch in körperlicher wie geistiger Wachstumsstörung zeigt. So kann Zaches mit dreieinhalb Jahren weder laufen noch sprechen, er knurrt und miaut, statt zu reden und kann auf seinen Spinnenbeinchen nicht stehen.

Zaches' Disposition aus entwicklungspsychologischer Sicht

Für diese Zaches zugeschriebenen Entwicklungsstörungen gibt Alexandra Hildebrandt in ihrer Untersuchung zum Zaches-Märchen die Erklärung des Phänomens einer psychosozialen Wachstumsschwäche[120]. Sie verweist darauf, dass Kinder, die in einem von Feindseligkeiten geprägten Klima emotionaler Distanz aufwachsen, Untergewicht haben und beträchtliche Verzögerungen ihres Knochenbaus aufweisen. Eben diese Problematik sieht Hildebrandt an der Figur des Klein Zaches dargestellt, der den Feindseligkeiten seiner Mutter ausgesetzt zu sein scheint. Tatsächlich wünscht sich Zaches' Mutter ja nichts sehnlicher, als ihn loszuwerden und sich, indem sie ihn schließlich dem Pfarrer quasi zur Adoption freigibt, von der Last zu befreien. In diesem Sinne scheint Klein Zaches durch seine körperliche Missgestaltung stigmatisiert und von der Gesellschaft ausgeschlossen zu sein.

Das Motiv der – wie im Fall von Klein Zaches – schicksalhaften körperlichen Merkmale kann in Beziehung gesetzt werden mit der zur Zeit Hoffmanns als Populärwissenschaft florierenden Physiognomik. Wie Alexandra Hildebrandt auf Klein Zaches' physisch-seelische Disposition bezogen anmerkt, vertrat Johann Kaspar Lavater in seinen physiognomischen Untersuchungen die Auffassung, dass zwischen Leib und Seele subtile Beziehungen bestünden und daher ausgehend von äußeren Zeichen wie etwa Gesichtszügen oder Dimensionen der Gliedmaßen Rückschlüsse auf innere Charakterzüge gezogen werden könnten. Wenn also die Annahme Popularität genießt, dass physisches Ebenmaß auf seelische Ausgeglichenheit hindeute, so wie körperliche Deformationen auch auf seelische Störungen zurückzuführen seien, führt physische Hässlichkeit unweigerlich zu quälenden Minderwertigkeitskomplexen, die wiederum nach Kompensation verlangen.

Nach Hildebrandt ergibt sich, dass Zaches auf Grund der einstigen Geringschätzung seiner Person darauf angewiesen ist, „in [kompensatorische] Rollen zu schlüpfen, die ihm zu Ruhm und Ehre verhelfen"[121]. In Zaches' weiterer Entwicklung stelle sich daher das als „psychische Deprivation" bezeichnete Verhalten dar, das durch ein auf mangelnde Befriedigung psychischer Grundbedürfnisse in der Kindheit zurückgehendes gesellschaftliches Anpassungsvermögen charakterisiert werde[122].

Hoffmanns Kritik an der Physiognomik

Indem Hoffmann mit der von ihm fingierten Zaches-Figur die Utopie entwirft, Mängel der physischen Gestalt mit kompensatorischen Fähigkeiten zu kaschieren und sich mehr noch überhaupt jeglicher physiognomischer Ausdeutung zu entziehen, formuliert er zugleich auch einen ganz persönlichen Wunschtraum. Wie der Hoffmann-Biograph Safranski zu berichten weiß, litt Hoffmann sehr unter seiner körperlichen Gestalt: „Kleingewachsen, schon in jungen Jahren ein wenig gekrümmt [und] den übermäßig großen Kopf in die Schultern gezogen"[123] erlebte er den eigenen Körper als ihm feindlich gesinnt, da er diesen in der unerfüllten Liebe zu seinen Angebeteten „als Beziehungsschranke" und „als Schranke des Begehrens"[124] erfahren hatte, die ihn „von der Welt seiner Wünsche"[125] abtrennte.

Wenn die Zaches-Figur aus diesem persönlichen Körperkonflikt hervorgeht, liegt es nahe, zu vermuten, dass Hoffmann mit seiner Erzählung auch in eigenem Anliegen auf die zu seiner Zeit als Populärwissenschaft so florierenden Physiognomik reagiert hat. Ebenso wie die Empörung des physisch zwergwüchsigen Lichtenbergs über Lavaters Schriften offensichtlich aus unmittelbar eigener Betroffenheit resultiert, scheinen die physiognomischen Lehren auch Hoffmann auf Grund seines persönlichen Körperkonflikts geradezu zur Kritik herauszufordern. Dass Lavaters Schriften jedenfalls für Hoffmann ein Begriff waren und er sich mit ihnen auch beschäftigt hat, ist durch einen Brief Hoffmanns an seinen Jugendfreund Hippel vom Juli 1796[126] belegt und findet sich als sachliche Auseinandersetzung auch in Hoffmanns feuilletonistischer Abhandlung *Zufällige Gedanken bei Erscheinen dieser Blätter* [127] von 1820. [128]

Der „Fall" vom Natur- in den Kulturzustand

Der Einstieg in die Kultur und damit der Beginn ihrer Bildungsgeschichte wird sowohl Zaches als auch Milo vermittelt durch einen äußeren Eingriff, d.h., sie finden den Weg in die Gesellschaft erst durch einen Anstoß von außen. Bei Zaches erscheint das Fräulein Rosenschön alias die Fee Rosabelverde und ermöglicht ihm Schicksal spielend durch ihre Gabe Zutritt zur Gesellschaft. Sie setzt sich für ihn als Unterprivilegierten und Stigmatisierten ein. Bezeichnend für Rosabelverdes bedeutsame Rolle bei der Zivilisierung von Klein Zaches ist ihre Vorgeschichte, von Hoffmann in satirischer Form dargeboten, nach der Rosabelverde bei Einführung der Aufklärung im Zuge der Verbannungsaktion der Feen und mit ihnen des Wunders dazu bestimmt worden sei, im Lande zu bleiben. So soll sie aller der Aufklärung schädlichen Mittel beraubt und zum nützlichen Mitglied des aufgeklärten Staates umerzogen werden[129], „um dem Volk gleichsam den empirischen Beweis dafür zu geben, dass es das nicht gibt, was es vom System her nicht geben darf"[130] oder etwa um den Beweis der „Beseitigung" ihrer Feenmacht im dialektischen Sinne einer Aufhebung selbst zu verkörpern. Unter dem Namen Fräulein von Rosenschön wirkt also auch das Prinzip von nützlicher Verbürgerlichung und Anpassung[131], das somit auch für Zaches' Zivilisierung und damit zu seiner gesellschaftlichen Integration den Anstoß gibt.

Milo dagegen wird in die Welt der Zivilisation durch den Jäger gebracht, der ihn mit dem – so Bridgwater – bereits auf die Überlieferung klassischer Autoren wie Plinius zurückgehenden „Stiefeltrick"[132] einzufangen versteht. Voller Kulturoptimismus sieht Milo im Brief an seine Freundin reflektierend seine Gefangennahme vielmehr als Befreiung an und schreibt es seinen „herrlichen Anlagen zur Wissenschaft und Kunst" zu, dass er sich die Stiefel „anzuzwängen" gewusst und sich dadurch quasi aus freien Stücken fangen gelassen habe. Aus Milos weiteren Erläuterungen dazu geht jedoch hervor, dass bloß Eitelkeit ihn zur Kultur getrieben hat: Die Stiefel als Statussymbol des Mannes (wie sie etwa auch Tiecks gestiefelten Kater kleiden)[133] verlocken Milo dazu, sein altes wildes Leben „in den weiten, unkultivierten Wäldern" einzutauschen gegen die Möglichkeit, in eben diesen Stiefeln genauso „grandios und imposant" wie der Jäger einherzustolzieren. Dass diese Vorstellung sich als erstrebter Gebrauchswert nicht bewahrheitet, liegt daran, dass Milo „freilich nachher nicht laufen konnte"[134], d. h. in seiner neue Existenz als Kulturwesen sich keineswegs eigenständig und frei zu bewegen in der Lage ist.

Auch in der weiteren Entwicklung von Klein Zaches kommt das Motiv der Stiefel zum Tragen und zwar in nicht minder karikaturistisch-grotesker Weise: Als Zaches auf dem Weg in die Stadt, um dort in der Gesellschaft sein Glück zu machen, hoch zu Ross und gestiefelt den beiden Studenten Fabian und Balthasar begegnet, nehmen diese zuerst nur „gespenstische, d. h. körperlos von beiden Seiten des Pferdes in der Luft auf und nieder baumelnde Reitstiefel" wahr, da Zaches' winzige Statur hinter den offenbar überdimensionalen Stiefeln ganz zurücktritt. Zaches erweist sich ferner beim Anziehen der Stiefel als nicht so selbstständig wie Milo: Vom Pferd gefallen schafft er es nicht allein, die beim Sturz abgefallenen Stiefel wieder anzuziehen, und er muss fremde Hilfe beanspruchen: „Balthasar stellte beide Stiefel aufrecht zusammen, hob den Kleinen sanft in die Höhe und steckte ihn ebenso niederlassend, beide Füßchen in die zu schwere und weite Futterale."[135]

Die Wertung der Stiefel als Statussymbol und Prestigeobjekt unterstreicht die Infragestellung der Angemessenheit solcher Stiefel durch Fabian, wenn er folgende Überlegung aufstellt: „[…] darf solch' ein knorpliger Däumling sich auf ein Pferd setzen, über dessen Hals er nicht wegzuschauen vermag? Darf er die Füßlein in solch' verrucht weite Stiefeln stecken?"[136]

Nicht nur, dass das Missverhältnis von Stiefel und Träger die Wirkung des Lächerlichen erzielt, Klein Zaches wird zudem auch Anmaßung vorgeworfen, nämlich dass er die Stiefel demonstrativ zur Schau trüge. Bereits hier deutet sich an, dass die neue Existenz Zaches' und Milos als Kulturwesen nur veräußerlicht gelebt wird, indem sie sie nur als Rolle annehmen, sie aber nicht ausfüllen, weil sie ihnen – versinnbildlicht in Form der Stiefel – nicht steht bzw. nicht passt, also sprichwörtlich gemeint „nicht ihr Paar Stiefel ist". In diesem Zusammenhang ist auch Rosabelverdes Ausspruch über den Werdegang ihres Schützlings Zaches zu betrachten, wenn sie gegen Ende des Märchens ihr Bedauern zum Ausdruck bringt:

> „Armer Zaches! – Stiefkind der Natur! – Ich hatt' es gut mit dir gemeint! – Wohl mocht' es Torheit sein, daß ich glaubte, die äußere schöne Gabe, womit ich dich beschenkt, würde hineinstrahlen in dein Inneres, und eine Stimme erwecken, die dir sagen müßte: du bist nicht der, für den man dich hält, aber strebe doch nur an, es dem gleich zu tun, auf dessen Fittigen du Lahmer, Unbefiederter dich aufschwingst! – Doch keine innere Stimme erwachte."[137]

Mit dem Hinweis auf die innere Stimme mag die Fee wohl die Möglichkeit andeuten, dass eine tiefe, „wahrhafte" Kultur zu erstreben sei anstelle einer oberflächlichen, veräußerlichten Kulturphilisterei. Die tiefere Idee in der Wundergabe sieht Franz Fühmann daher darin,

> „[…] daß durchs Bewustwerden der Diskrepanz zwischen äußerem Anschein und innerem Wert der Schein endlich in ein Sein umschlage: Der, der

entgegen seinem Wesen von der Umwelt für einen Prachtkerl gehalten wird, werde eben dadurch einsehen, dass er das nicht ist, und sich, solches erkennend, mühen, jener Prachtkerl zu werden, für den man ihn fälschlicherweise ansieht."[138]

Ähnlich argumentiert Heidemarie Kesselmann, wenn sie der Wundergabe eine ursprünglich positive Bedeutung beimisst, da sie eigentlich auf eine qualitative Selbsterneuerung abziele und erst Zaches' Verwertung der Gabe als Symptom von Oberflächlichkeit und Kalkül im Sinne einer von funktionalem Zweckdenken bestimmten Gesellschaft ansieht. Durch seinen Umgang mit der Gabe erreiche er die Wirklichkeitsstruktur der Gesellschaft, die nur auf Schein reagieren kann[139]. Da aber die Gabe der Fee als an und für sich „äußerlich" ihn bereits in eben diese veräußerlichte, auf dem Prinzip von Täuschung und Schein beruhende Wirklichkeitsstruktur der Gesellschaft versetzt, erscheint ein ursprünglich positiver Sinn der Gabe nicht plausibel und auch das nachträgliche Bedauern der Fee vermag nichts an der verhängnisvollen Wirkung ihrer Gabe für Zaches zu ändern.

Wenn nun die beginnende Kultivierung der Affen als aufoktroyiert dargestellt und zumindest der Impuls dazu von fremder Hand gegeben ist, stellt sich daran anschließend die Frage, inwiefern die Affenfiguren überhaupt oder in welchem Maße für ihre folgende Entwicklung als verantwortlich gezeichnet werden. Dies läuft letzten Endes auf die Untersuchung der satirischen Funktion der Affenfiguren hinaus, die eben das negative „Feindbild" nicht direkt selbst verkörpern, gegen das sich die textimmanente Kultur- und Gesellschaftskritik richtet, sondern es vielmehr in verdeutlichender, weil karikierender Rolle entlarven, indem sie sich quasi aufopfern dazu, die Gesellschaft - ihre Kritikwürdigkeit spiegelnd - zu vertreten.

Der Kultivierungsprozess

Im Prozess ihrer Kultivierung eignen sich Milo und Zaches die menschliche Sprache als grundlegendes Werkzeug des gesellschaftlichen Umgangs an. Erschien Klein Zaches vordem nur dazu befähigt, unartikulierte, tierhafte Laute auszustoßen, vermag er unmittelbar nach der prägenden Begegnung mit Rosabelverde zum Erstaunen seiner Mutter vernehmliche Worte zu formulieren. In Zaches' weiterer „Erfolgsgeschichte" aber scheint sein Vokabular sich nicht weiterzuentwickeln und bleibt daher im Umfang beschränkt. Daher stellt die Sprache als Medium menschlicher Äußerungen für Zaches einen zentralen Bereich dar, in dem er die kompensatorische „Begabung" der Fee zum Einsatz bringen kann: So geben ihm unter anderem der Lyrikvortrag Balthasars, das Prüfungsgespräch des Referendarius Pulcher oder der vom geheimen Sekretär verfasste Bericht Anlass, sich Qualitäten anderer zu Gute halten zu lassen.

Bedenkt man Schuberts Auffassung von der „Sprache des Wachens" in ihrer negativen Konnotation von „Sündenfall" und „Anmaßung", lassen sich im dargestellten Prozess des sprachlichen Erwachens der Affenfiguren durchaus vergleichbare Wertungsansätze finden, wenn nämlich der Spracherwerb künstlich und als Prozess der Entfremdung von der Natur zur Darstellung kommt: Deutlich wird die negative Konnotation des Spracherwerbs bei Milos Dressur in „Phrasendrescherei", die ihm der Professor der Ästhetik als sein Meister angedeihen lässt. Wie Beardsley anmerkt, ist die Lektion, die Milo über die Entwicklung der Gedanken beim Sprechen erteilt wird, als Parodie auf Kleists Aufsatz *Über die allmähliche Verfertigung der Gedanken beim Reden* zu verstehen, die in ihrer Fürsprache des leeren Geredes zur Grundlage von Milos „Bildungsphilisteridiotie" wird[140]:

> „Sprechen, sprechen, sprechen müssen Sie lernen, alles Übrige findet sich von selbst. Geläufig, gewandt, geschickt sprechen, das ist das ganze Geheim-

nis. Sie werden selbst erstaunen, wie Ihnen im Sprechen die Gedanken kommen; wie Ihnen die Weisheit aufgeht; wie die göttliche Suada Sie in alle Tiefen der Wissenschaft und Kunst hineinführt; daß Sie ordentlich in Irrgärten zu wandeln glauben. Oft werden Sie sich selbst nicht verstehen: dann befinden Sie sich aber gerade in der wahren Begeisterung, die das Sprechen hervorbringt. Einige leichte Lektüre kann Ihnen übrigens wohl nützlich sein, und zur Hülfe merken Sie sich einige angenehme Phrasen, die überall vorteilhaft eingestreut werden und gleichsam zum Refrain dienen können. Reden Sie viel von den Tendenzen des Zeitalters – wie sich das und jenes rein ausspreche – von Tiefe des Gemüts – von gemütvoll und gemütlos u.s.w." [141]

Von der Tiefe des Gemüts spricht Milo dann insbesondere auf seine eigene Person bezogen, sich mehrmals als Genie bezeichnend und sich mit edlen, kräftigen Zügen versehen wähnend. Dabei hält Milo seine Selbstherrlichkeit und Selbstdarstellung überhaupt für zentrale Prinzipien gesellschaftlichen Umgangs, wenn er angibt, die unter den Menschen erhaltene Bildung habe in ihm das Glück höchster innerer Selbstzufriedenheit erzeugt[142]:

„Mein glückliches Mienenspiel gab meinen Worten Gewicht, und in dem Spiegel habe ich gesehen, wie schön meine von Natur etwas gerunzelte Stirn sich ausmacht, wenn ich diesem oder jenem Dichter, den ich nicht verstehe, weshalb er denn unmöglich was taugen kann, Tiefe des Gemüts rein abspreche. Überhaupt ist die innere Überzeugung der höchsten Kultur der Richterstuhl, dem ich bequem jedes Werk der Wissenschaft und Kunst unterwerfe, und das Urteil infallibel, weil es aus dem Innern von selbst, wie ein Orakel, entsprießt."[143]

Auch für Milos unangemessen gesteigertes Selbstbewusstsein kann die psychologische Lesart Alexandra Hildebrandts geltend gemacht werden, wie sie uns für Zaches und seine durch Größenwahn kompensierten Komplexe angeboten wird. Ganz offensichtlich ist Milos Überheblichkeit und sein Geltungsdrang auf den Verlust seiner Identität zurückzuführen, der als Preis seiner Zivilisierung dargestellt wird.

So empfindet er nicht nur Scham über seine Vergangenheit, so dass er „rot darüber werden könnte, wenn nicht ein gewisser robuster Teint, der [ihm] eigen, dergleichen verhinderte"[144], sondern er verleugnet zudem auch noch seine Artgenossen, indem er von ihnen als „einer Klasse von Wesen" spricht, in der er festgehalten gewesen wäre und die er „jetzt unbeschreiblich verachte"[145]. Milos Distanzierung abschwächend steht dem jedoch entgegen, dass er angibt, selbst noch öfters von „gewissen Anwandlungen" heimgesucht zu werden, bei denen er in seinen früheren Zustand zurückfalle.

Wenn der Begriff der Anwandlungen an Hoffmanns Hundefigur Berganza erinnert, die ganz wie Milo regelmäßigen Veränderungen ihres Wesens ausgesetzt ist, so findet der (Ver-) Wandlungsprozess hier aber in entgegengesetzter Richtung statt: Während den Hund regelmäßig menschliche Anwandlungen überkommen, die zudem negativ gekennzeichnet werden, stellt Milo es so dar, als würde er aus dem „glücklichen Behagen", das er im Stadium seiner Menschenexistenz erlebe, unversehens auf die niedere Stufe des Tieres gerissen werden.

An eben dieser Differenz in der Ausrichtung des jeweiligen Wandlungsprozesses zeigt sich auch der Unterschied, dass die Haustiere ihren Vermenschlichungsprozess als Entfremdung reflektieren und die Zivilisierung bei ihnen zugleich Bewusstsein schafft, wohingegen die Zivilisierung beim Affenmotiv als Bewusstseinsverlust gedeutet wird, da sie mit einer Verdrängung der Tierexistenz einhergeht. Dies verdeutlichen auch die konträren Meinungen der Haustierfiguren Murr und Berganza einerseits und des Affen Milo andererseits (Zaches ausgenommen, da von ihm keine diesbezüglichen Äußerungen zum Vergleich herangezogen werden können) darüber, wie die erworbene Kultur in ihrer Wirkung auf die eigene Existenz zu bewerten sei: Während Murr Kultur und Freiheit in ein sich gegenseitig ausschließendes Verhältnis setzt[146], und auch Berganza sich mit voranschreitendem Kulturerwerb zunehmend von Angst und Beklemmung bedroht sieht[147], versteht der kulturidealistische Affe seine Gefangennahme vielmehr als Befreiung[148].

Mit der deutlichen Abneigung gegen seine Herkunft spricht sich also Milos Identitätsverlust aus, der als logische Konsequenz zum Aufbau einer künstlichen Identität bzw. Maske führt, die den Schein über das Sein setzt. Den mit dem Prinzip des Scheins einhergehenden Geltungsdrang scheint Milo verinnerlicht zu haben:

> „Nächst dem darf man, um sich von jeder Seite in Respekt zu halten, worin die größte Lebensweisheit besteht, auch nur für einen Komponisten gelten; das ist genug. Hatte ich z.B. in einer Gesellschaft in einer Arie des gerade anwesenden Komponisten recht vielen Beifall eingeerntet, und war man im Begriff, einen Teil dieses Beifalls dem Autor zuzuwenden: so warf ich mit einem gewissen finstern, tiefschauenden Blick […] ganz leicht hin: Ja, wahrhaftig; ich muß nun auch meine neue Oper vollenden!, und diese Äußerung riß alles zu neuer Bewunderung hin, so daß darüber der Komponist, der wirklich vollendet hatte, ganz vergessen wurde. Überhaupt steht es dem Genie wohl an, sich so geltend zu machen, als möglich; […] Gänzliche Verachtung alles Bestrebens Anderer; die Überzeugung, alle, die gern schweigen und nur im Stillen schaffen, ohne davon zu sprechen, weit, weit zu übersehen; die höchste Selbstzufriedenheit mit allem, was nun so ohne alle Anstrengung die eigene Kraft hervorruft: das alles sind untrügliche Zeichen des höchstkultivierten Genie's, […]"[149]

Milos Worte drücken nicht nur Kalkül und strategisches Verhalten aus, das er als wesentlichen Aspekt seiner Kultivierung in der menschlichen Gesellschaft begreift, sondern sie scheinen zugleich den gesellschaftlichen Erfolg von Hoffmanns zweiter Affenfigur, nämlich Klein Zaches, genannt Zinnober, und das Phänomen seiner Wundergabe zu erklären. Die durch Milo aus der Sicht des Strategen preisgegebene Taktik, sich im entscheidenden Moment geschickt in den Vordergrund zu drängen und so mit der auf sich gezogenen Aufmerksamkeit auch den Ruhm anderer zu usurpieren, findet sich in ihrem Resultat auch bei Zaches wieder mit dem Unterschied, dass Zaches Verhalten aus der Außenperspektive und überdies als unbegreiflich dargestellt, da es mit der besagten Wundergabe erklärt wird, die ihn fremden Ruhm ernten lässt:

> „Balthasar zog das sauber geschriebene Manuskript hervor und las. […] Er bebte vor Entzücken, als leise Seufzer […] ihn überzeugten, dass sein Gedicht alle hinriß. Endlich hatte er geendet. Da riefen Alle: ‚Welch ein Gedicht! – welche Gedanken – welche Fantasie – was für schöne Verse – welcher Wohlklang – Dank – Dank Ihnen, bester Herr Zinnober für den göttlichen Genuß' – ‚Was? wie?' rief Balthasar; aber niemand achtete auf ihn, sondern stürzte auf Zinnober zu, der sich auf dem Sopha blähte wie ein kleiner Puter und mit widriger Stimme schnarchte: ‚Bitte recht sehr – bitte recht sehr – müssen so vorlieb nehmen! – ist eine Kleinigkeit, die ich erst vorige Nacht aufschrieb in aller Eil!'"[150]

Die Wirkung der Wundergabe in Gesellschaft und Wissenschaft

Bezogen auf die Wundergabe fällt dabei auf, dass der Zauber der Gabe sich weniger in Zaches' Verhalten oder seiner Person zeigt, als sich vielmehr in der Verzerrung der Wahrnehmung seiner Umwelt bemerkbar macht: So leidet das gesellschaftliche Umfeld von Zaches ganz offenbar an einem Verblendungszustand, wobei Täuschung und Blenderei sogar willkommen geheißen, d.h. zugelassen werden, da es nur auf den Schein zu reagieren vermag.

In besonders grotesker Weise stellt sich dieser Verblendungszustand am Beispiel der um ihren Ruhm gebrachten Personen, wie im Fall Balthasars dar, dessen (erste) Reaktion in Selbstverleugnung besteht:

> „‚Ja', schrie nun Balthasar wie vom Wahnsinn plötzlich erfasst, ‚ja Zinnober – göttlicher Zinnober, du hast das tiefsinnige Gedicht gemacht von der Nach-

tigall und der Purpurrose, dir gebührt der herrliche Lohn, den du erhalten!' – Und damit riß er den Fabian ins Nebenzimmer hinein und sprach: ‚Tu mir den Gefallen und schaue mich recht fest an und dann sage mir offen und ehrlich, ob ich der Student Balthasar bin oder nicht […]'"[151]

An dieser irritierenden Reaktion „totaler Selbstpreisgabe"[152] wird deutlich, dass das Motiv des Identitätsverlusts nicht nur für die Figur des Klein Zaches eine Relevanz hat, sondern dass auch und vor allem Zaches' gesellschaftliches Umfeld unter einem kollektiven Identitätsverlust leidet: Wie Horst Fritz anmerkt, veranschaulicht das Funktionieren des Zaubers die „Entfremdung als einen kollektiven Verlust sinnvoller Identität".[153] Indem die Gesellschaft bereit ist, eigene Qualitäten preiszugeben und auf den Emporkömmling zu übertragen, mangelt es ihr offenbar an Selbstbewusstsein.

In diesem Zusammenhang ist auch die Rolle der Wissenschaftler für die Begegnung von Zaches mit der Gesellschaft bedeutsam: Der Weg zu seiner Karriere wird Zaches im Hause Mosch Terpins, des Professors für Naturkunde geebnet, der ihn mit dem Selbstverständnis eines Protektors seinen Gästen als einen „mit den seltensten Eigenschaften hochbegabten Jüngling" anpreist. Genauso wie Milo durch den Professor der Ästhetik in die Gesellschaft eingeführt wird, ist es auch bei Zaches ein Professor, d.h. Wissenschaftler, der ihn der Öffentlichkeit präsentiert und ihn an die kulturellen Zirkel vermittelt. Horst Fritz bemerkt dazu in seiner Untersuchung, dass Hoffmann seine Darstellung des gesellschaftlichen Verblendungszustandes zugleich in eine Wissenschaftssatire gekleidet habe, da der Naturwissenschaftler zugleich als Wegbereiter und Opfer des Emporkömmlings dargestellt ist: Indem Mosch Terpin Zaches nicht als außermenschliches Wesen erkennt und ihn der Gesellschaft als etwas, das er nicht ist, anpreist, wird die von ihm personifizierte rationalistische Naturwissenschaft als unfähig zur wahren Erkenntnis der Natur gezeigt.[154]

In diesem Zusammenhang verweist Fritz auch auf Hoffmanns kleine Erzählung *Haimatochare*[155], in der in es ganz ähnlicher, satirischer Manier um den Verblendungszustand zweier Naturforscher gehe, die aus ihrer „zum Wahn verselbständigten Perspektive" eine mit dem Namen „Haimatochare" getaufte Laus „zum Objekt kulthafter Schwärmerei" machten[156]. Wie bei Zaches werde auch hier der Leser über weite Strecken im Unklaren gelassen über die wahre Identität Haimatochares: Der Briefwechsel der beiden in Streit um den Besitzanspruch Haimatochares entbrannten und sich später ihretwegen gegenseitig im Duell ums Leben bringenden Naturforscher erweckt vielmehr den Eindruck, es handle sich bei der „niedlichsten, schönsten, lieblichsten Insulanerin"[157] um eine geliebte Frau, aber nicht um eine Laus. Wenn die zeremonielle Seebestattung Haimatochares nach Fritz „das nun ins Kollektive gesteigerte Weiterleben der in den beiden Naturwissenschaftlern sinnfälligen Verblendung"[158] signalisiere, so kann hierin eine weitere Parallele zum Zaches-Märchen gesehen werden, da bei Zaches' Trauerfeier in vergleichbarer Weise das Weiterwirken seines magischen Scheins über seinen Tod hinaus zur Darstellung gebracht wird. [159]
Daher zeichnet Hoffmann die wissenschaftliche Aneignung von Wirklichkeit im Sinne einer Aufklärungskritik als problematisch, weil oberflächlich und nicht zum Kern des Wesens vordringend. Er entwirft das Bild einer Wissenschaft, die, indem sie Zauber und Täuschung für natürlich und wahr hält, sich darin hilfreich erweist, Schwindel und Betrug zu institutionalisieren. Dies wird besonders fatal, weil die Gesellschaft in ihrer kollektiven Verblendung auf ihre natürlichen Sinne verzichtet und ihren Anspruch auf Erkenntnis an die Wissenschaft abgibt.

Wie Thomas Cramer in seiner Untersuchung zum Grotesken bei E.T.A. Hoffmann feststellt, kann der Zauber der Täuschung nur wirksam werden durch sein Geschehen „in einer Welt, die sich auf einem falschen und lügenhaften Prinzip aufbaut, der engen Aufklärung, die das Wunder leugnet und gerade deshalb darauf hereinfallen muß, einer Welt also, die bereits als in sich selbst grotesk dargestellt wird"[160].

Die Affenfiguren und ihre Kontrahenten

Wenn Balthasar als hauptsächlicher Kontrahent von Zaches in der Analyse berücksichtigt wird, darf bei der Untersuchung von Milo ein Vergleich mit dem als Herausgeber seines Briefes fingierten, mit ihm kontrastierenden Kapellmeister Kreisler, nicht fehlen: Während Kreisler in der Rolle des romantisch stilisierten Musikerideals oft genug als Identifikationsfigur des in seiner Existenz als Kapellmeister gescheiterten Hoffmanns herausgestellt worden ist, so muss Milo als dessen satirische Kontrastfigur gewertet werden. Anstelle der Sehnsucht nach der „heiligen Kunst" dient Milo Ruhmsucht als Motor seiner musikalischen Ambitionen, wenn er zugibt, dass die Musik ihn vor allem deswegen anziehe, „[…] weil sie Gelegenheit gibt, so eine ganze Menge Menschen, mir nichts, dir nichts, in Erstaunen und Bewunderung zu versetzen […]"[161].

Indem er mit dem Instrumentenmacher über den Bau eines Fortepianos mit dem Umfang von zehn statt sieben Oktaven bespricht, um „wie ehemals von einem Baum zum andern"[162] die Oktaven nun problemloser herauf- und herabspringen zu können, verwechselt der Affe artistische Fertigkeit mit Musikalität. Damit steht Milo als literarische Figur in einer langen Tradition des Motivs vom Affen als Virtuosen und musikalischem Parodisten.[163] Hoffmanns Kritik trifft dabei eben jene Professoren der ästhetischen Erziehung, die als Kunstphilister und Musikdilettanten Milo zu einem Töne produzierenden Marionettenaffen dressieren, der sich, zu keinerlei wahrhaftem Gefühl imstande, in philiströser Klavierklimperei und jämmerlicher Kompositionspfuscherei ergeht und sich im angestrengten Hervorrufen eines gekünstelt überzogenen Falsetts übt in der Hoffnung, „den ungeteiltesten Beifall der wahren Kenner" zu erwerben[164].

Angesichts von Milos Stümperei, die aus seinem Brief offenkundig wird und für eine Figur wie Kreisler regelrecht einen Verrat an der für ihn so geheiligten Musik bedeuten muss, färben sich Kreislers den Brief einleitende Worte der Empfehlung in den Ton bitterer Ironie und nehmen sarkastischen Charakter an. Berücksichtigt man die Lesart, die Figur Milos stelle sich als integraler Bestandteil der Vorstellungswelt Kreislers - der *Kreisleriana* - eigentlich nur als eine Fiktion Kreislers dar, erklärt sich womöglich Kreislers Toleranz Milo gegenüber in der Hoffmannschen Ironie-Konzeption, die in besonderer Weise bei der *Prinzessin Brambilla* deutlich wird: Der Anblick des „ironischen Doppeltgängers"[165] in der ironischen Verkehrung des eigenen Selbst bei der Spiegelung in der Urdarquelle - dem „Spiegel des Humors" - hat eine reflexive Erkenntnisfunktion inne, die „Faktizität und Ideal miteinander versöhnen" lässt[166].

Vergleicht man das Verhältnis zwischen den Kontrastfiguren Kreisler und Milo mit der Beziehung von Balthasar und Zaches, so fällt auf, dass auch Balthasar die Existenz von Zaches in eigenartiger Form zu akzeptieren, zu tolerieren und sogar anfänglich mit ihr zu sympathisieren scheint. Neben der bereits erwähnten Szene, in der Balthasar zugunsten von Zaches Verzicht auf die öffentliche Anerkennung seiner Autorschaft des Gedichts leistet, unterstützt er ihn in seinem gesellschaftlichen Aufstieg bereits bei ihrer ersten gemeinsamen Begegnung im Wald, als er den vom Pferd Gefallenen auf die Steigbügel zurückhebt, ihm beim Stiefelanziehen behilflich ist und obendrein ihn angesichts der Spötteleien des Studenten Fabian in Schutz nimmt. Wenn die Beziehung zwischen Balthasar und Zaches ihren weiteren Verlauf im organisierten Aufbegehren gegen den gesellschaftlichen Aufstieg des Emporkömmlings nimmt, scheint Balthasars Toleranz gegenüber

Zaches trotzdem fortzudauern, da er an dessen Wesen glaubt, wenn er gegen ihn vorgeht und ihn seines Zaubers zu berauben sucht. Wie Jürgen Walter bemerkt, werden die Schicksale von Zaches und Balthasar als derart verstrickt gezeigt, das die beiden Kontrahenten in einem dialektischen Abhängigkeitsverhältnis zueinander stehen, wobei der jeweilige gesellschaftliche Erfolg und die Selbstverwirklichung des einen an den Misserfolg des anderen gebunden ist[167].

Auf das Verhältnis von Zaches und Balthasar bezogen soll in diesem Zusammenhang auch der Interpretationsansatz Hans Mayers seine Erwähnung finden, der herausstellt, dass Hoffmann, indem er „die Produktion einer geistigen und künstlerischen Leistung von deren Verwertbarkeit personal zu scheiden wußte", zeigte, „daß die geistige Leistung in ihrem Erfolg keineswegs an denjenigen gebunden sein musste, der sie vollbracht hatte" [168]. In diesem Sinne kann Zaches als Verkörperung des Vermarktungsprinzips sowohl in der - wie Wührl bemerkt - parasitären, weil Kunst und Geist ausbeutenden Rolle[169], als auch in ihrer veröffentlichenden, sie der Öffentlichkeit zugänglich machenden Funktion gesehen werden: Der Verzicht Balthasars auf seine Autorschaft des Gedichts von der Nachtigall und der Purpurrose kann somit als ein Abtreten der Rechte des Verfassers auf sein Werk ausgelegt werden, auf das er – es dem Verleger wie der Leserschaft in die Hände gelegt – mit der Veröffentlichung keinen Einfluss mehr zu haben fürchtet und das ihm, sich auf diese Weise verselbständigt, vielmehr noch fremd und sogar feindlich gegenübertritt, so wie es für Hoffmann bei der so genannten „Meister Floh-Affäre" ja tatsächlich der Fall war.

Jedoch sind auch Balthasar und Kreisler als Kontrahenten der Affenfiguren nicht einseitig positiv gezeichnet, was unter anderem und nicht zuletzt durch das besagte Gedicht zum Ausdruck gebracht wird: Balthasars „artige wohlklingende Verse, die in einer mystischen Erzählung von der Liebe der Nachtigall zur Purpurrose seinen Zustand schilderten", werden von Hoffmann offensichtlich ironisiert dargestellt, wenn der Dichterprotagonist, wie Claudia Liebrand konstatiert, sein Leben umstandslos in Kunst überführt und „nicht wahrhaft enthusiasmiert, sondern ein schwärmerischer, liebeskranker, modisch ‚romantisierender' Geck"[170] sei.

Feldges und Stadler machen im Zusammenhang mit Hoffmanns Ironisierung seines Dichterprotagonisten aus *Zaches genannt Zinnober* auch auf den ironischen Unterton aufmerksam, wenn der Erzähler durchblicken lasse, „dass ein so unbedarftes Mädchen wie Candida wohl kaum als inspirierende Dichtergefährtin" tauge[171]. Balthasar wird so durch seine Liebe zur bildhübschen, aber strohdummen Candida, um die er „mit den quälenden Schwankungen eines Verliebten" bangt anstatt um die Kunst zu ringen, der Lächerlichkeit preisgeben, insbesondere wenn seine Hochzeit mit ihr am Ende des Märchens als Erfüllung seines lang ersehnten Glücks dargestellt wird. Die Trivialität des „Happy Ends" der Erzählung steht nach Feldges und Stadler „in ironischer Distanz zur Einlösung der Utopie im triadischen System Schuberts, das für den *Goldenen Topf* ungebrochenere Geltung"[172] habe, bei dem die „Schrift-Geliebte"[173] Serpentina das genaue Gegenteil zur ungeistigen Candida darstelle: Anselmus, der „Balthasar" des *Goldenen Topfs* begegne Serpentina als einer Geliebten, die als mystisches Wesen in der Gestalt einer Schlange auftretend seinen poetischen Sinn stimuliere und ihm schließlich mit ihrer Hochzeit zur Aufnahme nach Atlantis verhelfe[174]. [175]

Da auch in den *Kreisleriana*, wenngleich in etwas abgewandelter Form, das im Zusammenhang mit Balthasar der Lächerlichkeit preisgegebene Motiv der Liebe einer Nachtigall zu einer Purpurrose[176] im Zuge mit Kreisler genannt wird, relativiert sich auch Kreislers Status der idealisierten Künstlerfigur. Gleich auf der ersten Seite der einleitenden Worte des abermals fiktiven Herausgebers wird berichtet, Kreisler habe „kurz vor seiner Flucht aus dem Orte viel von der unglücklichen Liebe einer Nachtigall zu einer Purpurnelke" gesprochen[177]. Da sich in diesem Punkt ein verwandtschaftlicher Bezug zwischen Balthasar und Kreisler aufzeigen lässt, wird indirekt, weil im Rückschluss auf ihre Gegen- bzw. Parallelfiguren, auch die These in ihrer Plausibilität gestärkt, die Figuren Milo und Zaches stünden in intertextuellem Zusammenhang und seien Variationen ein und derselben Affenfigur.

Der Affe als Identifikationsfigur und Selbstpersiflage Hoffmanns

Wenngleich eingangs die kulturhistorisch tradierte Identifikation des Künstlers mit dem Affen herausgestellt worden war und ihre selbstparodistische Komponente in eine direkte Verbindung mit Hoffmanns Neigung zu Selbstpersiflage und Ironie gesetzt wurde, scheint eine Identifikation des Autors mit den von ihm so negativ gezeichneten Affenfiguren doch sehr unvorstellbar. Insbesondere die Figur des eigennützigen, karrieresüchtigen Zaches' erweckt eher den Eindruck, ein der Position Hoffmanns feindlich gegenüberstehendes, konkurrierendes Prinzip darzustellen, als der Ausdruck von Hoffmann selbst zu sein.

Franz Fühmann macht in seinem Nachwort zur Ausgabe des Märchens von *Zaches genannt Zinnober* von 1978 auf eine Zaches abbildende Zeichnung aufmerksam, die aus Hoffmanns Feder stammt und auffallende Ähnlichkeit sowohl mit seinen karikaturistischen Selbstportraits als auch seinen Illustrationen der Identifikationsfigur Kreisler aufweist[178]. Fühmann verweist in diesem Zusammenhang auf den Germanisten Walther Harich, der eine Verwandtschaft Zaches' mit seinem Schöpfer Hoffmann herausgestellt habe, die auf einem „gestörten Verhältnis von Leib und Geist und dem Leiden an der Schmach eines ungemäßen Körpers" beruhe[179]. Oft genug wird von Hoffmann-

Biographen wie z.B. Rüdiger Safranski auf Hoffmanns von diesem selbst so bezeichneten „Künstlerkörper" hingewiesen[180], der in einem Missverhältnis zu seinem Geist gestanden und weswegen Hoffmann unter schweren Minderwertigkeitskomplexen gelitten habe, die er mit seinem die körperliche Statur bei Weitem überragenden Geist im Bereich der Phantasie zu kompensieren suchte und vermochte.

Ganz in diesem Sinne will Heidemarie Kesselmann die Wundergabe verstehen als eine Begabung mit Phantasie und dichterischer Fiktion, die Zaches „in der Welt des Geistes und der Poesie zu einer inneren, das gesellschaftliche Defizit überwindenden Existenz finden" ließe[181]. Daher macht sie auf die Bemerkung Balthasars aufmerksam, die Zaches als Menschen wertet, der durch geistigen Wert das ersetze, was die Natur ihm an körperlichen Vorzügen versage[182]. Zaches' Begabung zum Blenden wäre demnach zu verstehen als geistvolles Schauspielertalent.

Für die Möglichkeit einer partiellen Selbstspiegelung Hoffmanns in der Figur des Zaches spricht ferner auch eine Anekdote über Hoffmann, die aus der Feder seines Verlegers C.F. Kunz stammt und von Fühmann in seinem Nachwort angeführt wird. Kunz schildert die Episode einer Jagdpartie, welche Hoffmann in seinem Tagebuch als großen Erfolg verzeichnet, da er ein Reh erschossen haben will, ganz anders und deckt dabei Korrespondenzen zwischen den Zaches'schen Manieren und Hoffmanns Verhalten auf: Der Förster habe aus Mitleid mit dem zur Jagd untalentierten Hoffmann ihm seinen Treffer zuschreiben und somit den ihm selbst gebührenden Erfolg an Hoffmann abtreten wollen, wobei der Schwindel sehr transparent und für die Anwesenden sehr leicht zu durchschauen gewesen sei.

Hoffmann selbst habe sich jedoch so sehr an seinem vermeintlichen Ruhm ergötzt, dass er die Täuschung nicht zu erkennen vermochte bzw. sie nicht realisieren wollte. Er habe das Schauspiel genossen und seine tragenden Rolle darin in vorantreibender Funktion gespielt, indem er äußerst bedacht gewesen sei, auch jeden „mit der Nase auf die Frage zu stoßen, wer wohl das Reh geschossen habe? Worauf denn Hofmann ganz gleichgültig scheinend und ruhig auf seine eigene Frage darauf erwiderte: ‚ich', während aber aus den glänzenden Augen sich der Triumph der That aussprach."[183] Fühmann mutmaßt dies betreffend, dass Hofmann, „in voller Überzeugung, einen Meisterschuß getan zu haben, seinen Freudenstolz ins Tagebuch und gleichzeitig sein vom Kunstgewissen bestimmtes Ahnen des eigentlichen Sachverhalts ins Notizbuch des Unbewussten einschrieb"[184], um diese Erfahrung später schriftstellerisch zu verarbeiten.

In diesem Zusammenhang soll auch die Untersuchung Jörg Petzels erwähnt werden, bei der der Frage nachgegangen wird, inwiefern Hoffmanns Märchen selbst ein Plagiat darstellt, bzw. Hoffmann in der Manier seines Titelhelden Elemente und Motive von der Rahmenhandlung „Leben, Thaten und Widerwärtigkeiten eines kleinen Gerngroß" aus dem Roman *Der Bräutigam ohne Braut* (1810) von August Friedrich Ernst Langbein „entlehnt" bzw. zitiert habe, bei der die Rolle des so genannten „Gerngroß" ein gewisser Zwerg Zachäus Trill spielt[185].

Berührungspunkte von Hoffmann und Zaches zeigen sich ferner auch darin, dass Hoffmanns Erfolg als Komponist wesentlich unter dem Vorwurf gelitten hat, seine Kompositionen seien nur Adaptionen der Stücke Mozarts, dem er als seinem großen Vorbild auch seinen dritten Vornamen entlieh[186]. Ebenso stellt Safranski autobiographische Bezüge für das Märchen von *Zaches genannt Zinnober* sowie auch für andere späte Werke Hoffmanns her, wenn er diesbezüglich von der prägenden Erfahrung Hoffmanns spricht, eine Mutter vermisst zu haben, denn Hoffmann habe zu seiner leiblichen Mutter, die zudem früh verstarb, keine emotionale Bindung empfunden und ähnlich der Fee bei Klein Zaches habe die Tante sich seiner angenommen[187].

Vor diesem Hintergrund autobiographischer Bezüge wird eine Selbstpersiflage Hoffmanns auch auf die Figur des Zaches bezogen plausibel und Phantasie als sublimierende Kraft sowie Imitation als spielerisches Prinzip in der Wirklichkeit von Trug und Schein stellen sich als wesensverwandt dar.

Zaches und Milo dienen daher als Verkörperung des Affenmotivs in verschiedenen Variationen sowohl zu künstlerischer als auch autobiographischer Selbstpersiflage. Zudem dienen sie als Medium der Satire auf den Bildungs- bzw. Kulturphilister, da anhand ihrer die Zivilisierung als künstlich und oberflächlich dargestellt wird. Wenn Milo und Zaches Kultur simulieren, erreichen sie die Wirklichkeitsstruktur der Gesellschaft und bringen diese durcheinander, indem sie sie als ihre Karikatur zur Selbstreflexion zwingen.

Da sie sich das Prinzip von Egoismus und Kalkül aneignen, vertreten Hoffmanns Affenfiguren die gesellschaftlichen Missstände, indem sie ihrer ursprünglichen Rolle als Paria und gesellschaftliche Außenseiter entwachsen, nun durch ihr Karrierebestreben und ihre Ruhmsucht andere ins gesellschaftliche Abseits drängen.

Während die Zivilisierung bei Hoffmanns Haustierfiguren Bewusstsein und Reflexion schafft und daher als positiv gewertet wurde, stellt sie sich im Zusammenhang mit dem Affenmotiv als negativ dar, da sie hier Bewusstseinsverlust und Selbstverleugnung bedeutet. Hoffmanns Affenfiguren zeigen sich dabei insofern als Projektionsfläche ihres Autors, als ihre Wirklichkeit auf Grund ihrer äffischen Begabung zur Nachahmung und Imitation die des Scheins, der Simulation wie der Täuschung und im dichterischen Sinne die der Fiktion ist.

Zur Behandlung des Flohmotivs bei E.T.A. Hoffmann

Flohs Existenz als Parasit bzw. Symbiont

Auch in Hoffmanns letzter Märchenerzählung, dem *Meister Floh*, steht der Tierprotagonist in einer besonderen Beziehung zum Menschen. Wenn der Affe unter den Menschen und das Haustier bei ihnen lebt, so existiert der Floh als Parasit auf dem Menschen. Während also der Affe bei Hoffmann eine spiegelnde, karikierende Beziehung zum Menschen unterhält und das Haustier in einem Verhältnis der Abhängigkeit zum Menschen steht, wird die Bindung des Flohs an den Menschen, d.h. insbesondere an Peregrinus als „Schutzherrn", im Sinne seiner Existenz als Floh parasitär motiviert, und zudem als symbiotisch, weil zu gegenseitigem Nutzen dargestellt:

So dient das menschliche Blut zur Stärkung und Erfrischung der Flöhe und gleichzeitig wird auch die Verbündung mit dem Floh für den Menschen hilfreich: Hoffmanns Floh schärft Peregrinus' Verstand, wenn er diesem das Geheimnis anvertraut, mit Hilfe des Gedankenglases die inneren Gedanken anderer Personen zu erschließen, und ihn mit seinen Stichen als Zeichen seiner „biedern guten Gesinnung" [188] im richtigen Moment warnend zum Gebrauch dieses Wissens animiert. Hartmut Steinecke bemerkt dazu, dass auch der Flohstich selbst bereits als Impfstoff der Vernunft zu verstehen sei, der zu Wahrheit und Erkenntnis führen sollte[189]. In Bezug auf die durch Flohstich und Gedankenglas zu erwerbende Menschenkenntnis macht Wührl auf das Paradox aufmerksam, dass Hoffmann sie dem Menschen durch ein Tier nahe bringen lässt.

Da auf Grund gegenseitig erbrachter Hilfeleistungen auch beiderseitiges Zutrauen besteht, versteht sich Meister Floh in Peregrinus' Halsbinde, die ihm als Versteck auf der Flucht vor der ihn verfolgenden Dörtje Elverdink und dem Mikroskopisten Leuwenhöck dient, als unabhängig, d.h. gleichberechtigt mit Peregrinus und sieht sich als ein „freier Mann"[190]. Dem von ihm als „lieben Schutzherren"[191] verstandenen Peregrinus verspricht Floh als Dank für dessen unbeabsichtigte, von ihm als „uneigennützige Denkungsart"[192] interpretierte Hilfestellung eine ungeheure, unvorstellbare Nützlichkeit[193]: Mit der Preisgabe des Geheimnisses, sich auf Wunsch die geheimen Gedanken des Gegenübers zu erschließen, kann sich Peregrinus künftig über allen Trug und Schein des Lebens erhaben wissen. Doch das Geschenk des Gedankenglases ist nicht uneigennützig, weil es nicht nur die Sicherheit seines Schutzherren, sondern damit auch seine eigene garantiert, da der Floh somit für seine dauerhafte Geborgenheit bei Peregrinus sorgt und „als ständiger Begleiter augenblicklich Kontrolle und ständige Übersicht über den Fortlauf der Ereignisse"[194] gewinnt. Wie Beardsley anmerkt, agiert der Floh aus dem Versteck heraus in der Art des „deus ex machina"[195].

Die Disposition von Peregrinus' als Verbündeter Flohs

Die Wahl Meister Flohs, sich gerade Peregrinus als Schutzherren zu suchen, soll dabei in einen Kontext mit Peregrinus' charakterlicher Disposition gestellt werden. So scheint Peregrinus Tieren gegenüber besonders verbunden und in gewissem Sinne mit ihnen verwandt zu sein, da er somnambule Tendenzen aufweist. Dadurch, dass er nämlich mit dem Unbewussten in Kontakt steht, zeichnet er sich im Sinne der Kriterien romantischer Naturwissenschaft als tierähnliche Existenz aus. So lässt Hoffmann seinen Erzähler über Peregrinus' Kindheit erzählen, dieser habe einen ausgesprochenen Sprachwiderwillen gezeigt und eine stark verzögerte Entwicklung in der Sprachbildung aufgewiesen:

„Längst war nämlich die Zeit vorüber, in der die Kinder gewöhnlich zu sprechen beginnen, und noch hatte Peregrinus keinen Laut von sich gegeben. Man würde ihn für taubstumm gehalten haben, hätte er nicht manchmal den, der zu ihm sprach, mit solchem aufmerksamen Blick angeschaut, ja durch freudige, durch traurige Mienen seinen Anteil zu erkennen gegeben, daß gar nicht daran zu zweifeln, wie er nicht allein hörte, sondern auch alles verstand."[196]

Peregrinus scheint demnach ähnlich wie Klein Zaches tierhaft gezeichnet, wenn er im vor-sprachlichen Ausdruck der Mimik und der mitteilsamen Blicke verharrt. Das Bild des aufmerksamen, verständigen Blickes trotz sprachlichen Defizits gemahnt an das romantische Motiv vom Blick des Tieres, dessen Auge noch als direkter Spiegel der Seele angesehen wird, weil es nicht durch die von Schubert mit Sünde und Verstellung assoziierte menschliche Sprache „verunklärt" sei. Peregrinus erinnert sodann in seinem Sprachverhalten auch an den Kater Murr, der sich verstellt, um seine Fähigkeiten in der menschlichen Sprache aus Angst vor Ausnutzung und Vermarktung seines Talents geheim zu halten. Er gibt nämlich nur nach Außen hin vor, nicht sprechen zu können: „Zur Nachtzeit, wenn der Knabe im Bette lag und sich unbehorcht glaubte, sprach er für sich einzelne Worte, ja ganze Redensarten und zwar so wenig Kauderwelsch, daß man schon eine lange Übung voraussetzen konnte."[197]

Seine heimlichen Selbstgespräche vernommen habend, bewirkt die Mutter, „daß er von selbst das schöne Talent des Sprechens nicht mehr verborgen hielt, sondern leuchten ließ vor der Welt und zu Aller Verwunderung, zwar langsam aber deutlich sich vernehmen ließ." Doch heißt es gleich darauf weiter, Peregrinus zeigte jedoch immer noch und stets einigen Widerwillen gegen das Sprechen und hätte „es am liebsten, wenn man ihn still für sich allein ließ". [198]

Das einsame Wesen von Peregrinus als Außenseiter sieht Wührl bereits mit darin begründet, dass Hoffmann ihn mit dem bezeichnenden

Namen „Peregrinus" versehen hat, was auf Lateinisch „der Fremde" bedeutet[199]. In diesem Sinne erscheint Meister Flohs Schutzherr als Kindmensch, als ewig kindlicher Märchenheld mit poetischem Gemüt, der in seiner Rolle als Fremdling in dieser Welt erst durch einen Meister – mit dem Namen Floh – zur Selbstbehauptung in der Wirklichkeit erzogen werden muss[200].

Die Kulturkritik des „Meisters"

Mit seiner „Meisterschaft" nimmt Floh nach Beardsley eine Sonderposition unter den Hoffmannschen Tiergestalten ein, da Hoffmann seine sonst stets im Doppel auftretenden bzw. als Paar zuzuordnenden Lieblingsfiguren von Meister und Tier als Zögling in ihm zu einer Person zusammengeschmolzen habe[201]: Wenn Meister Abraham als Murrs Erzieher fungiert, Berganza von Kreisler als seinem Herrn und Meister spricht, der Professor der Ästhetik Milos Lehrer darstellt und die Fee Rosabelverde als „Hexenmeisterin" in der Rolle als Zaches' Erzieherin auftritt, ist Floh keine vergleichbare Meisterfigur zuzuordnen. Die Erzählung führt den Floh auch nicht wie die übrigen in dieser Arbeit vorgestellten Tierprotagonisten ausdrücklich im Prozess ihrer Zivilisierung oder Assimilierung an die menschliche Gesellschaft vor, sondern beschreibt vielmehr seine Flucht aus den „Fesseln" der Kultur. Zudem wird unter seiner Anleitung als Meisterfigur der gesellschaftliche Erkenntnisprozess einer Menschengestalt, seines gleichzeitigen „Schutzherren" wie auch Zöglings Peregrinus dargestellt, dem er mit seinem Gedankenglas den gesellschaftlich unterstützten Betrug vor Augen führt.

Flohs kulturkritische Einstellung gründet dabei in den negativen Erfahrungen des „qualvollen Lehrgangs der Flöhe in der Gefangenschaft" beim Mikroskopisten und Flohbändiger Leuwenhöck, der sie als ‚Drahtzieher der Zivilisation' in die ‚höhere Kultur' zwingt[202]. Mit der „Kultivierung" von Meister Floh und seinem Volk nimmt Leuwenhöck ihnen die Freiheit, ihrem Wesen gemäß herumzuhüpfen und hält sie stattdessen hinter dem Guckkasten des Vergrößerungsglases gefangen, dessen er bedarf, um die winzigen Tierchen zu erkennen. Die „Kultivierung" zu einer „wohl exerzierten Mannschaft" „kunstfertiger Flöhe"[203] und ihre Abrichtung „zu allerlei artigen Kunststücken"[204] ist also nichts als Dressur, deren einziger Zweck in der Ausbeutung und Vermarktung des Flohvolkes besteht.

Wie Murr steht Floh der so genannten Kultur daher skeptisch gegenüber und erlebt sie vielmehr als Einschränkung, da sie ihn und sein Volk „um alle Freiheit, um allen Genuß des Lebens"[205] zu bringen trachte. Mit der Einführung der so genannten Kultur wird dem freien Leben auf diese Weise eine Realität der Kunst gegenüber gestellt: Das existentielle Sein verliert zunehmend an Bedeutung, während fiktives „Was werden" und „Was vorstellen" immer weiter in den Vordergrund rückt. Und da für die Institutionalisierung der „höheren Kultur" Bedürfnisse künstlich herbeigeführt und erst geschaffen werden müssen, geht die harte Arbeit bei der Beförderung eines „unnötigen, verderblichen Luxus'"[206] eben auf Kosten des Lebensgenusses. Indem Hoffmann seinem Tierprotagonisten solch kulturpessimistische Worte in den Mund legt, verschafft er auch seinen Befürchtungen angesichts der aufkommenden bürgerlichen Markt- prinzipien Ausdruck, die sich als frühe Kapitalismuskritik darstellen:

> „Am allerschlimmsten war es, daß Leuwenhöck nichts im Auge hatte, als seinen eignen Vorteil, daß er uns kultivierte Leute den Menschen zeigte und sich Geld dafür bezahlen ließ. Überdies aber kam unsere Kultur ganz auf seine Rechnung und er erhielt die Lobsprüche, die uns allein gebührten."[207]

Die Kultur, von der bei Hoffmann die Rede ist, wird jedoch immer bloß als eine „so genannte" Kultur bezeichnet, da der Flohbändiger die Erziehung zur „Kultur" nach dem Modell des verachteten Philisters erfolgen lässt: Dabei dient die Flohgesellschaft jedoch nur vorübergehend als satirisches Exempel des zu kritisierenden Philisters, wenn sie sich, wie Beardsley bemerkt, „über ihre auferzwungene Philisterexistenz hinweg"[208] heben und aus der Gefangenschaft ausbrechend an ihrer Stelle „dem Tyrannen zum Hohn Obstkerne, Pfefferkörner u. d. m."[209] zurücklassen.

Wie Floh zu berichten weiß, „fand Leuwenhöck gar bald zu seinem Erstaunen und Ärger", dass die durch ihn kultivierten Flöhe „beinahe gelehrter waren, als er selbst"[210] und ihn in der Perfektionierung der Wissenschaften und Künste weit übertrafen. Mit der Anfertigung eben jenen Gedanken lesenden Glases, welches im weiteren Verlauf der Handlung auch als Flohs „Gastgeschenk" an Peregrinus seine Verwendung findet, übertrumpfen die Flöhe ihren Dompteur derart, dass sie sich – ihn in seiner Verlogenheit bloßstellend – über seine Herrschaft hinwegsetzen.

Wenn Hoffmann die Fehlkalkulation des seine „Schüler" unterschätzenden Leuwenhöcks darstellt, setzt er sich in die Tradition des Motivs vom Konflikt des Meisters mit dem ihn übertreffenden Lehrling und wirft die Frage nach dem eigentlichen Urheber des Streit entfachenden Lehrlings- bzw. Meisterstückes auf. Daher ist dem die Gedanken lesenden Glase, auf das in seiner Funktion später noch ausführlich eingegangen werden soll, von Anfang an eine negative und verderbliche Komponente beigegeben, die auch auf Floh als seinem Schenker abfärbt. An Meister Floh scheint die „Kulturherrschaft" keineswegs spurlos vorübergegangen zu sein:

Floh spielt insofern bei der Befreiung seines Volkes aus den Fesseln des Bändigers eine Schlüsselrolle, als die Macht Leuwenhöcks über die Gefangenen nur durch den Besitz von ihm als Meister der Flöhe vermittelt wurde und mit seiner Flucht aus der Knechtschaft gleichzeitig auch die Herrschaft des Bändigers über die übrigen Flöhe gebrochen war[211], doch auch er fiel der Kultur zum Opfer: In mikroskopisch vergrößerter Erscheinung sich zeigend macht er sich Peregrinus in schönen goldenen Stiefeln mit diamantenen Sporen[212] bekannt und tritt somit angetan mit dem Statussymbol der Stiefel in freilich feierlicherer Nachfolge der Hoffmannschen Affenfiguren nun in gewisser Weise doch als Vertreter der vollendeten Kultur auf.

Die sprachreflexive Funktion des Gedankenglases im Spiegel der Wissenschaftssatire

Aber nicht nur die Stiefel weisen auf eine kulturelle Prägung Meister Flohs hin, auch gerade der Besitz des besagten Gedankenglases lässt ihn als kulturell bemittelt erscheinen. Wenn nun eben jenes Gedankenglas als Resultat aus der Zeit der Gefangenschaft unter der „Kulturherrschaft" des Flohbändigers hervorgeht, ist der scheinbare Widerspruch, der sich aus seiner Funktion ergibt, die Verlogenheit und Falschheit der menschlichen Rede zu entlarven, in ähnlicher Weise aufzulösen, wie das Paradox der Aneignung von Sprache und Gebräuchen der menschlichen Gesellschaft durch die Hoffmannschen Haustierfiguren zum Zwecke der kritischen Distanzierung von ihr.

Ebenso wie Murr die reflektierende Schriftstellerei oder Berganza seine Rückverwandlung nach philiströsen Ausflügen zu kritischer Distanz zurückfinden lässt, fungiert das Gedankenglas als rettendes Prinzip und stellt als „Erkenntnismittel der Kunst" einen „Gegenentwurf"[213] zum Blick der die Naturwissenschaft verkörpernden Mikroskopisten dar. Leuwenhöck und sein Gegenspieler Swammerdamm treten als „wahnsinnige Detailhändler der Natur"[214] auf, die nicht in der Lage sind, „zu ganzheitlicher Schau [zu] finden"[215] und vielmehr, indem sie sich im grotesken Duell mit ihren Ferngläsern gegenseitig fixieren, den Eindruck vermitteln, „dem Irrenhause entsprungen"[216] zu sein. Zusammen mit fast allen der in dieser Arbeit besprochenen Hoffmannschen Erzählungen wie *Klein Zaches genannt Zinnober*, den

Lebensansichten des Katers Murr, der *Nachricht von einem gebildeten jungen Mann* und *Haimatochare* ist der *Meister Floh* somit in die Reihe von Hoffmanns schriftstellerischen Werken zu stellen, die alle unter anderem die Intention einer Wissenschaftssatire verfolgen.

In Bezug auf Flohs Gedankenglas kann jedoch auch nicht von einer einfachen Gegenüberstellung von Kunst und Wissenschaft die Rede sein, da Hoffmann wie fast immer, wenn er motivische Gegensätze des Themenkomplexes um Phantasie versus Realität aufmacht, durch Zugeständnisse an die jeweilige Gegenposition diese zu relativieren sucht: Dadurch, dass das Gedankenglas als „Erkenntnismittel der Kunst" von einem in Leuwenhöcks Diensten zum Optiker ausgebildeten Floh entwickelt wurde[217], stellt es ein aus der Wissenschaft geborenes Instrument dar.

Im Sinne dieses wissenschaftlichen Ursprungs ist demnach auch die von Peregrinus gegen Ende der Erzählung beklagte „Unseligkeit" des Glases zu deuten, die in seiner Eigenschaft besteht, auch vorübergehende feindliche Gedanken zu erfassen und diese fixierend festzuhalten, so dass sich finsteres Misstrauen und Argwohn im Gemüt seines Benutzers fest einnisten können. Indem der bereits von dieser Eigenschaft gezeichnete Peregrinus die von ihm mit Hilfe des Glases geprüfte Seele seiner Geliebten Röschen als „himmelsreines Heiligtum" erschaut, empfindet er ein „vernichtendes Gefühl der Verderbtheit seines Sinnes"[218] und sucht sich der „unseligen Gabe"[219] zu entledigen:

> „[…] lebhaft trat ihm die überstandene Gefahr vor Augen, da eine finstere Macht ihn zu einem verruchten Gebrauch des mikroskopischen Glases verlocken wollen, doch nun erst ging es ihm auch deutlich auf, daß Meister Floh's verhängnisvolles Geschenk, habe er es selbst auch gut damit gemeint, doch in jedem Betracht ein Geschenk sei, das der Hölle angehöre."[220]

Daher fasst Peregrinus jetzt den Gebrauch des Glases als „ruchlosen Frevel" auf und sieht darin die Anmaßung begriffen, „sich wie jener gefallene Engel des Lichts, der die Sünde über die Welt brachte, gleich stellen zu wollen, der ewigen Macht, die das Innere des Menschen durchschaut, weil sie es beherrscht."[221] Dass Hoffmann den Erkenntnisprozess an dieser Stelle bei Peregrinus ganz nach naturreligiöser Manier im Sinne etwa von Schubert gestaltet, lässt sich als Kongruenz mit dem poetischen, Schuberts Traumsprache verhafteten Wesen von Peregrinus als dem „Fremden" begreifen.

Peregrinus' Menschwerdung im religiösen Findungsprozess

In seiner bewussten Entscheidung gegen den Gebrauch des Gedankenglases zeigt sich Peregrinus dabei insofern als Mensch, als er zum einen das „humane Prinzip milden Vertrauens"[222] zu behaupten gewillt ist, zum andern aber schlichtweg in seiner menschlichen Existenz als Mangelwesen dem Sinn des Gedankenglases nicht gewachsen zu sein scheint: So lässt Hoffmann seinen Meister Floh Peregrinus gegenüber ein ironisches Zugeständnis machen, indem er ihm recht gibt, dass eine wie durch das Glas erwirkte Gedankentransparenz bei Menschen „unmöglich zu Gutem führen" könne, während hingegen „dem unbefangenen heitern Floh […] indessen diese Gabe des mikroskopischen Glases durchaus nicht im mindesten bedrohlich"[223] sei. Das Glas wird für den Menschen jedoch auch unter anderem deswegen als untauglich erklärt, da es unterschiedslos wichtige wie belanglose Gedanken sichtbar macht und denjenigen, der sich nach den erschauten Gedanken ausrichtet, in Verwirrung bringt:

> „[…]schneidende Widersprüche zwischen Worten und Gedanken, liefen dem Peregrinus in den Weg. Stets richtete er seine Antworten mehr nach dem ein, was die Leute gedacht, als nach dem, was sie gesprochen, und so konnt' es nicht fehlen, daß, da Peregrinus in der Leute Gedanken eingedrungen, sie

selbst gar nicht wußten was sie von dem Peregrinus denken sollten. Zuletzt fühlte sich Herr Peregrinus ermüdet und betäubt."[224]

Peregrinus sieht mit der „verhängnisvollen Gabe" das Schicksal eines Heimatlosen[225] über sich verhängt, dem „immer aufs neue vertrauend und immer wieder bitter getäuscht […] Mißtrauen, bösen Argwohn, Haß, Rachsucht in der Seele sich fest nisten und jede Spur des wahrhaft menschlichen Prinzips, dass sich ausspricht in mildem Vertrauen, in frommer Gutmütigkeit, wegzehren muß"[226].

Im Gegensatz zu Rosabelverdes Geschenk an Zaches als Gabe der Täuschung handelt es sich beim Gedanken lesenden Glas offensichtlich um die Gabe der Ent-Täuschung, die sich Peregrinus jedoch nicht zu gebrauchen entschließt. Stattdessen stellt sich für ihn das Mittel, sich nicht täuschen zu lassen, vielmehr in der Nächstenliebe dar, wodurch die Lossagung vom Gedankenglas einem religiösen Findungsprozess nahe kommt:

> „Nein! Dein freundliches Gesicht, deine glatten Worte sollen mich nicht täuschen, du, in dessen tiefem Innern vielleicht unverdienter Haß gegen mich verborgen; ich will dich für meinen Freund halten, ich will dir Gutes erzeigen, wie ich nur kann, ich will dir meine Seele erschließen, weil es mir wohltut, und das bittre Gefühl des Augenblicks, wenn du mich enttäuschest, ist gering zu achten gegen die Freuden eines schönen vergangenen Traumes."[227]

Der Traum als Utopie einer Überwindung der Duplizität des Seins

In einen Kontext mit Peregrinus' Bevorzugung des Traumes gegenüber der Realität sind auch Meister Flohs Worte über den alle Gestaltungen formenden Weltgeist zu stellen, mit denen Hoffmann Aspekte des Hegelschen Idealismus' anklingen lässt:

> „Seit der Zeit, daß das Chaos zum bildsamen Stoff zusammengeflossen – es mag etwas lange her sein – formt der Weltgeist alle Gestaltungen aus diesem vorhandenen Stoff und aus diesem geht auch der Traum mit seinen Gebilden hervor. Skizzen von dem was war oder vielleicht noch sein wird, sind diese Gebilde, die der Geist schnell hinwirft zu seiner Lust, wenn ihn der Tyrann, Körper genannt, seines Sklavendienstes entlassen."[228]

Indem Floh Traumwelt und Realität als somit gleichwertige Daseinsbereiche auffasst, spricht er dem Unbewussten im Sinne von Schuberts Theorie zur Traumsymbolik gleichzeitig auch eine enthüllende Funktion und somit Wahrheitsgehalt zu[229]. Eine Gleichsetzung von Unbewusstem und Objektivität findet sich dabei aber auch schon bei Schuberts Lehrer Schelling, der laut Steinecke einen entscheidenden Einfluss auf Hoffmann ausgeübt hat[230], sowie bei Lichtenberg und K. Ph. Moritz, die der These der Aufklärung, der Traum sei lediglich „eine unvollkommene und verwirrte Form des wachen Bewusstseins"[231], eine ihn aufwertende Neuinterpretation des Traumes entgegensetzten. In diesem Sinn stellt Lichtenberg in seinen *Aphorismen* die Überlegung an, dass die Menschen „so gut im Traum als im Wachen"[232] lebten und empfänden, weshalb Traum und Wachen als gleichwertige Zustände anzusehen seien und definiert den Traum ähnlich wie Floh als „ein Leben, das, mit unserm übrigen zusammengesetzt, das wird, was wir menschliches Leben nennen"[233].

Wenn Hoffmann seinen Titelhelden ferner darüber philosophieren lässt, inwiefern die Menschen die Erscheinungen des Seins in wunderbare und nicht-wunderbare teilten, also Realität und Traumgebilde strikt voneinander zu trennen suchten, sieht Floh einen Widerspruch insbesondere darin, dass die Menschen sich selbst spalteten „in zwei Teile, von denen einer die so genannten Wunder erkennt und willig glaubt, der andere dagegen, sich über diese Erkenntnis, über diesen Glauben gar höchlich verwundert".[234] Wenn dabei fast sämtliche Figuren der Erzählung an einem chronischem Dualismus leiden, der darin besteht, dass sie in verschiedene Persönlichkeiten gespalten sind, die zu unterschiedlichen Zeiten existiert haben bzw. in verschiedenen Bewusstseinsstufen ausgelebt werden können, ist die Schellingsche Indifferenz, die jede Spaltung in der dynamischen Prozesshaftigkeit der Natur aufzuheben vermag, als Utopie zu verstehen[235]: Das Unbewusste soll mit dem Bewusstsein in Übereinstimmung gebracht werden, um die Duplizität des Seins besser zu ertragen. Vor dem Hintergrund der Schellingschen Theorie erklärt sich das Gedankenglas daher in einem ebenso utopischen Sinne, nämlich das Unbewusste durch seine Sichtbarmachung in das Bewusstsein zu heben.

Die Überlegenheit des Tieres auf Grund seiner Sprachlosigkeit

Wenn sich das Gedankenglas jedoch für den Menschen als Bedrohung darstellt, trifft Hoffmann durch seinen Titelhelden implizit die Aussage, der Mensch könne die Wahrheit nicht ertragen, weil und zugleich infolgedessen er die Sprache als Mittel der Täuschung zwischen seine Gedanken und Worte schalte. Wenn der Besitz des Gedankenglases sich hingegen für die Tiere als ungefährlich darstellt, erklärt Floh dies indirekt mit dem Fehlen eines sprachlichen Ausdrucks durch Worte und mit der unmittelbaren Spiegelung der Seele im Blick des Tieres.

Indem Hoffmann die Menschen durch ein vom Tier hergestelltes Medium, das ihr verlogenes Denken entlarvt, verspotten[236] und seinen Protagonisten darlegen lässt, dass Tiere sowohl eine Seele, als auch

Verstand haben, nimmt er ähnlich wie bei der Darstellung des Katers Murr Bezug auf die Theorien über das Wesen der Tiere, die der Philosoph Montaigne in seinen Essais[237] entwickelt. Anknüpfend an die Überlegungen Montaignes fingiert Hoffmann im *Meister Floh* die Möglichkeit des Tieres, den Menschen zu beobachten und zu durchschauen. Wenn dies in Beschreibungen etwa der „klugen freundlichen Augen"[238] Meister Flohs angedeutet zum Ausdruck kommt, malt Hoffmann drastischer die Vorstellung des „beängstigenden Eindringens in die nackte Psyche des menschlichen Gehirns"[239] mit der Fiktion des Gedankenglases aus.

In diesem Sinne lässt Hoffmann schließlich seinen Titelhelden auch im Gespräch mit Peregrinus die Überlegenheit des Tieres gegenüber dem Menschen eröffnen, wobei Meister Floh dem Menschen insofern eine „natürliche oder angekränkelte Stumpfheit […] [des] Blicks"[240] und Schwäche vorhält, als er das für wahr nehme, was lügnerischer Trug sei[241]. Wenn Floh seine Überlegenheit gegenüber dem Menschen herauszustellen sucht, die er vorzüglich in einer körperlichen wie geistigen Gewandtheit und Stärke sieht sowie darin, die Geheimnisse der Natur zu durchschauen, bringt er jedoch gleichzeitig seine Trauer darüber zum Ausdruck, seinen Geist und Verstand verkannt zu wissen:

> „Ich wollte, Ihr hättet, was die denkende, sich willkürlich bestimmende Seele der Tiere betrifft […] gelesen. Oder Ihr wüßtet was […] über das geistige Vermögen der Tier gedacht haben, oder Euch wäre bekannt, was […] über die Seele der Tiere gesagt hat. Schwerlich würdet Ihr dann mich meines Verstandes halber für einen bösen Dämon halten, oder gar die geistige Vernunftmasse nach der körperlichen Extension abmessen wollen."[242]

Wenn Floh sich wünscht, von den Menschen nicht verkannt zu werden, erinnert dies an Murrs Leiden unter mangelnder Anerkennung bzw. den Vorurteilen der Menschen gegenüber talentierten Katern.[243] Ebenso wie in den *Lebensansichten des Katers Murr* der Kapellmeister Kreisler in seinen Reflexionen zum Wesen des Tieres angesichts des schlafenden Katers die kartesianische Auffassung vom Tier als Automaten mit romantisch geprägten Argumenten widerlegt, entkräftet Meister Floh die von ihm ironisiert vorgebrachte These des spanischen Arztes und Philosophen Gomez Pereira[244], der diesbezüglich als Vorläufer von Descartes und Fichte (als radikalstem philosophischem Verfechter kartesianischer Ideen am Beginn des 19. Jahrhunderts[245]) „in den Tieren nichts weiter findet, als künstliche Maschinen ohne Denkkraft, ohne Willensfreiheit, die sich willkürlos, automatisch bewegen"[246]. Wenn Peregrinus durch Floh belehrt wird, dass es den Menschen unmöglich sei, den Grad der Wissenschaft eines Flohs nach ihrem Maßstab zu messen, da ihnen die wunderbare Welt der Flöhe unbekannt sei[247], kommt er zur Einsicht, dass Floh trotz und unabhängig von seiner winzigen Statur „unendlich mehr Verstand und tiefe Kenntnis"[248] habe.

Die Utopie der Sublimierung eines „Künstlerkörpers"

Hinter der Gegenüberstellung von Flohs winziger, fast unsichtbarer Gestalt mit seinem ungeheuren, riesenhaften Verstand verbirgt sich dabei mehr oder weniger offensichtlich das in Hoffmann-Biographien oftmals als Lebensproblematik herausgestellte Motiv des Missverhältnisses von Körper und Geist. Im Sinne einer Kompensation körperlicher Defizite durch die Gabe von Geist und Phantasie dient das Gedankenglas Flohs ebenso dazu, sich die Gedanken des Gegenübers zu Eigen zu machen, wie die Zaubergabe im Märchen des physisch benachteiligten *Klein Zaches genannt Zinnober*: Die Utopie der Sublimierung eines als untauglich empfundenen „Künstlerkörpers" wird somit in der Gestalt Flohs auf die Spitze getrieben, wenn sich das winzigkleine Wesen auf Grund geistiger Extension in riesenhafter Vergrößerung zeigen kann.

Mit der Gestalt des winzigen, für das menschliche Auge unsichtbaren Flohs wird das Motiv des Tieres, das bei eigener Unergründlichkeit die menschliche Seele zu ergründen vermag, somit zur Karikatur: Während die Sehnerven des Menschen als zu grob erklärt werden, um die „schlanke Taille"[249] Flohs als des „kleinen Unsichtbaren"[250] wahrzunehmen [251], gibt Floh damit an, durch sein „beständiges Hausieren bei den Menschen" sowohl ein sehr gutes Verständnis als auch eine genaue Kenntnis über „das menschliche Gemüt" erlangt zu haben [252].

Das Flohmotiv und seine literarische Tradition im Umfeld der Jurisprudenz

Die voyeuristischen Möglichkeiten auf Grund seiner unsichtbaren Erscheinung und seines „beiwohnenden" Wesens lassen den Floh nicht nur in der Pornographie, sondern auch im Zusammenhang mit der literarischen Behandlung des Rechtswesens eine Sonderrolle einnehmen, wie Christa-Maria Beardsley bemerkt[253]: Indem sie auf Adolf Keyssers Aufsatz *Die Jurisprudenz und die Flöhe*[254] verweist, stellt sie den *Meister Floh* bezogen auf das Flohmotiv im Zusammenhang mit der literarischen Behandlung des Rechtslebens und der Staatsangelegenheiten in eine literarische Linie mit K.G. F. Hoffmanns Satire *Der versteckte Plagegeist oder der kleine Überall* (1804), bei der „der Plagegeist als heimlicher, aber scharfsinniger Beobachter schlimmer Advokaten- und Notarpraxis" agiert.[255]

So zeigt sich der *Meister Floh* als Persiflage auf die Kommission zur Untersuchung der demagogischen Umtriebe, wenn die Figur Knarrpantis in ihrer Ähnlichkeit mit dem Polizeiminister von Kamptz eindeutig parodistische Züge aufweist, weswegen in der so genannten „Meister Floh-Affäre" Hoffmann als Mitglied der Kommission der Vorwurf gemacht wurde, aus dem Prozessakten zitiert und sich somit „einer Verletzung der Schweigepflicht des Beamten schuldig gemacht" zu haben[256]: Wenn Hoffmann die satirische und groteske Wirkung des *Meister Floh* insbesondere dadurch erzielt, dass er das „Zusammenstoßen von gesprochener Lüge und gedachter Wahrheit" [257] zur Darstellung bringt und das verlogene Denken, welches das Handeln der mit Peregrinus zusammenkommenden Menschen motiviert, durch das Gedankenglas entlarven lässt[258], wird auch nicht zuletzt der durch Knarrpanti persiflierte Polizeiminister von Kamptz der Falschheit bezichtigt.

Die Philistersatire im Spiegel des Gedankenglases

Bei der Offenbarung der schneidenden Widersprüche zwischen Gedanken und Worten, die sich dem unbefangenen Peregrinus als „wunderlichste ergötzlichste Kontraste"[259] darstellen, enthüllen sich jedoch zudem auch Worte, die keine Gedanken sind, sondern vielmehr nur inhaltsleeres Gerede:

> „Er sah zwar das seltsame Geflecht von Adern und Nerven, bemerkte aber zugleich, daß diese gerade, wenn die Leute über Kunst und Wissenschaft, über die Tendenzen des höhern Lebens überhaupt ganz ausnehmend herrlich sprachen, gar nicht eindrangen in die Tiefe des Gehirns, sondern wieder zurückwuchsen, so daß von deutlicher Erkennung der Gedanken, gar nicht die Rede sein konnte."[260]

Wenn Hoffmann mit obigen Erscheinungen, die sich derart durch das Gedankenglas abbilden, eine Innenansicht des Affen Milos beim Gebrauch seiner angelernten stereotypen Redewendungen oder des sich im „Pudelischen" verlierenden Katers Murr gezeichnet haben könnte, fänden alle in dieser Arbeit rund um die Tierprotagonisten vorgestellten Erzählungen eine Gemeinsamkeit unter anderem auch in ihrer Intention der Satire auf den Kulturphilister.

Nachwort

Hoffmanns Tiergestalten, die, wie Müller-Seidel es für die Figuren Murr, Zaches und Floh konstatiert, als „sonderbare Geburten der humoristischen Phantasie [...] allesamt humoristische Wechselbälge"[261] darstellen, verkörpern in der Tat das ironische Prinzip des von Hoffmann so hoch verehrten Jaques Callot: „Die Ironie, welche, indem sie das Menschliche mit dem Tier in Konflikt setzt, den Menschen mit seinem ärmlichen Tun und Treiben verhöhnt [...]"[262], erwirkt in Hoffmanns Werk umgesetzt dabei nicht nur, dass sich die Menschen in ihrem Treiben als „tierisch" durchtrieben, d.h. als inhuman entpuppen, sondern auch und insbesondere als Kehrseite dessen, dass „die wahre Menschlichkeit [sich] beim Tier"[263] offenbart. Dabei macht gerade diese rührend-einfühlsame und trotz oft leichten Tonfalls jedoch stets respektvolle Zeichnung seiner Tierfiguren Hoffmann im Vergleich mit anderen (zeitgenössischen) Autoren zu einem einzigartigen Schöpfer literarischer Tiergestalten: Rückblickend auf diese Arbeit lässt sich feststellen, dass die romantische Auffassung vom Tier auf Hoffmanns Gestaltung seiner Tierprotagonisten in hohem Maß Einfluss ausgeübt hat und dass sich darüber hinaus die Schöpfung von Hoffmanns Tiergestalten als leitmotivisch sowie persönlich bedingt darstellt.

So entsprechen seine Tierfiguren der romantischen Auffassung vom Tier insofern, als sie den literarischen Widerspruch gegen die von Fichte verfochtene Idee des Descartes'schen Tierautomaten verkörpern und dagegen vielmehr als mysteriöse, unergründliche und dem Menschen überlegene Wesen auftreten. In Anlehnung an Montaigne definiert sich die Überlegenheit der Tiere bei Hoffmann immer auch als Möglichkeit, den Menschen zu durchschauen, was nicht zuletzt auf der Art der jeweiligen Tier-Mensch-Beziehung beruht: So gehören die Tierprotagonisten Hoffmanns stets Gattungen an, die ein besonderes und nahes Verhältnis mit dem Menschen haben wie das Haustier, der auf dem Menschen existierende Parasit oder der Affe als Spiegelbild des Menschen. Die Möglichkeiten, die sich dem Tier aus diesem nahen Verhältnis ergeben und seine Überlegenheit begründen, stellen sich bei Hoffmann als Spektrum dar, das von Voyeurismus über Entlarvung und Überführung der Lüge (mit Mitteln wie dem Gedankenglas) bis hin zu einer ihn unmittelbar gefährdenden Macht über den Menschen reicht, wie sie Klein Zaches durch seine „Begabung" erhält.

Da die Erkenntnismittel der Menschen verglichen mit denen des Tieres als verschwindend gering dargestellt werden, impliziert das Motiv der sinnlichen wie geistigen Überlegenheit des Tieres bei Hoffmann immer auch eine Satire auf die Wissenschaft als vermeintliche Erforschung der Natur. Wenn dem Tier als Gegenentwurf zur Wissenschaft Phantasie und Geist als Erkenntnismittel der Kunst zugeordnet werden, erfährt es bei Hoffmann eine identifikatorische, weil künstlerische Assoziierung. Im Sinne einer kulturkritischen Wertung romantischer Naturphilosophie erscheinen die Hoffmannschen Tierprotagonisten ferner als metaphorische Vertreter des wahrhaften, d.h. ursprünglichen und insbesondere ob seiner „Natürlichkeit" und Unverdorbenheit „besseren" Menschen. Indem der Vermenschlichungsprozesses des Tieres dabei als Entfremdung, Identitätsverlust und als Verbildung dargestellt wird, übt Hoffmann Kritik an einem veräußerlichten, philiströsen Bildungsverständnis, das auf einer künstlichen Wirklichkeitsstruktur der Simulation basiert. Werden die Tiere durch den Prozess ihrer Zivilisierung zu Vertretern dieses textimmanent kritisierten Gesellschaftsbildes, verfolgt Hoffmann mit ihnen stets eine satirische Absicht, weswegen ihnen auch in dieser Form die Aufgabe der Entlarvung und Entdeckung gesellschaftlicher Missstände indirekt zugeschrieben wird.

Hält Hoffmann der Zivilisierung seiner Tierprotagonisten gleichzeitig aber auch die Befähigung zur Reflexion über den eigenen entfremdeten Zustand zu Gute, so kommt sein Verständnis von Ironie zum Ausdruck, das im Gegensatz zur naturphilosophischen Auffassung der Romantik Gedanken und (Sprach-)Reflexion eine positive, weil Bewusstsein schaffende Wirkung einräumt. Diese positiven Zugeständnisse an Zivilisation, Sozialisation und gesellschaftliche Anpassung trotz gleichzeitiger Vorbehalte ihr gegenüber spiegeln sich in der Gestaltung der Tiergestalten Hoffmanns insofern wider, als diese ihre Erfahrungen in und mit der „kultivierten" Gesellschaft wie etwa bei der Aneignung der menschlichen Sprache durch die Haustiere oder bei der Anfertigung des Gedankenglases durch die Flöhe zur Entwicklung eines kulturkritischen Bewusstseins nutzen.

Neben der Ironie und Reflexion als leitmotivischen Mustern in Hoffmanns Werk spielt für seine Tierprotagonisten auch das Motiv der Duplizität des Seins sowie die Außenseiterproblematik des Künstlers eine grundlegende Rolle: Wenn die menschlich gezeichneten Tierfiguren Hoffmanns in unterschiedlichen Daseinsbereichen als Tier wie auch in der Rolle als „Mensch" agieren, stellt sich darin Hoffmanns eigene Disposition der Zersplitterung seiner Begabungen auf Grund ihrer Vielseitigkeit, d.h. seine berufliche Mehrfachexistenz dar. Indem die Tierfiguren der menschlichen Gesellschaft gegenüber trotz oftmals perfektionierter Assimilierung jedoch immer wesensfremd bleiben, spiegelt Hoffmann zudem die Situation des Künstlers in einer kunstfeindlichen Umgebung wieder, der seine Ideale verkaufend nicht nur sich in der Gesellschaft als Fremder fühlt, sondern auch sich selbst entfremdet ist. Das Leiden an mangelnder Würdigung erscheint dabei eng verknüpft mit physischen Komplexen: Wenn Hoffmann Tiergestalten zu Protagonisten macht, deren Geist und Verstandesvermögen auf Grund von physischen Merkmalen (wie etwa Murrs Krallen oder Flohs winziger, fast unsichtbarer Körpergröße) verkannt wird, bringt er nicht nur das eigene Ungemach seines als „Künstlerkörper" empfundenen Leibes zum Ausdruck, sondern formuliert darüber hinaus seine Kritik an der Physiognomik als Wissenschaftszweig.

In diesem Sinne wird offensichtlich, dass die in dieser Arbeit behandelten Tierprotagonisten weit mehr als nur Projektionsflächen ihres Autors sind und Hoffmann in seinen Tierfiguren auf Grund der spezifischen Problematik ihrer Motivgestalt sehr viel von seiner eigenen Lebensproblematik findet und er sich also nicht zuletzt durch sie als Medium persifliert.

Literaturverzeichnis

Ausgaben und Werke

(Es werden nur Werke angeführt, aus denen im Text zitiert wird)

Hoffmann, E.T.A., Sämtliche Werke in sechs Bänden hrsg. v. Hartmut Steinecke und Wulf Segebrecht, Frankfurt am Main 1985-2004:
- Fantasiestücke in Callot's Manier – Werke 1814, hrsg. v. Hartmut Steinecke unter Mitarbeit v. Gerhard Allroggen u. Wulf Segebrecht (Bibliothek deutscher Klassiker; 98), Bd. 2.1, 1993.
- Nachtstücke – Klein Zaches – Prinzessin Brambilla – Werke 1816-1820, hrsg. v. Hartmut Steinecke unter Mitarbeit v. Gerhard Allroggen (Bibliothek deutscher Klassiker; 7), Bd.3, 1985.
- Lebens-Ansichten des Katers Murr – Werke 1820-1821, hrsg. v. Hartmut Steinecke unter Mitarbeit v. Gerhard Allroggen (Bibliothek deutscher Klassiker; 75), Bd. 5, 1992.
- Späte Prosa – Briefe – Tagebücher und Zeichnungen – Juristische Schriften – Werke 1814-1822, hrsg. v. Gerhard Allroggen, Friedhelm Auhuber, Hartmut Mangold, Jörg Petzel u. Hartmut Steinecke (Bibliothek deutscher Klassiker; 185), Bd. 6, 2004.
- Briefwechsel, 1. Bd. Königsberg bis Leipzig (1794-1814), hrsg. v. Friedrich Schnapp, München 1967.
- Schriften zur Musik. Nachlese, Darmstadt 1963.

Knigge, Adolph Freiherr von, Ueber den Umgang mit Menschen. Lizenzausgabe. Herrsching o.J.

Lichtenberg, Georg Christoph, Aphorismen, hrsg. v. Max Rychner, Zürich 1947.

Montaigne, Michel de, Essais, II 12. In der Übersetzung von Herbert Lüthy. Zürich 1953.

Schubert, Gotthilf Heinrich von, Ansichten von der Nachtseite der Naturwissenschaft (1808). Darmstadt 1967.

Bibliographie der verwendeten Sekundärliteratur

(Es wird nur Literatur angeführt, aus der im Text zitiert wird. Ausgaben sowie deren Anmerkungen, Vor- und Nachworte werden nicht aufgeführt)

Abkürzungen:
MHG = Mitteilungen der E.T.A. Hoffmann-Gesellschaft, Bamberg

Beardsley, Christa Maria, E.T.A. Hoffmann. Die Gestalt des Meisters in seinen Märchen (Abhandlungen zur Kunst-, Musik- und Literaturwissenschaft, Bd. 182). Bonn 1975.
• E.T.A. Hoffmanns Tierfiguren im Kontext der Romantik (Abhandlungen zur Kunst-, Musikund Literaturwissenschaft, Bd. 358). Bonn 1985.
Bridgwater, Patrick, Rotpeters Ahnherren, oder: Der gelehrte Affe in der deutschen Dichtung. In: Deutsche Vierteljahrsschrift für Literaturwissenschaft und Geistesgeschichte 56, 1983, S.447-462.
Cramer, Thomas, Das Groteske bei E.T.A. Hoffmann. München - Allach 1966.
Feldges, Brigitte u. **Stadler**, Ulrich, E.T.A. Hoffmann. Epoche - Werk - Wirkung. München 1986.
Fritz, Horst, Instrumentelle Vernunft als Gegenstand von Literatur. Studien zu Jean Pauls *Dr. Katzenberger*, E.T.A. Hoffmanns *Klein Zaches*, Goethes *Novelle* und Thomas Manns *Zauberberg*. München 1982. Literaturgeschichte und Literaturkritik, Bd. 4.
Fühmann, Franz, Fräulein Veronika Paulmann aus der Pirnaer Vorstadt oder Etwas über das Schauerliche bei E.T.A. Hoffmann. Hamburg 1980.
Gerigk, Horst-Jürgen, Der Mensch als Affe in der deutschen, französischen, russischen, englischen und amerikanischen Literatur des 19. und 20. Jahrhunderts. Stuttgart 1989.
Hildebrandt, Alexandra, „Bösartiger als der Herdenschlaf ist das Gelächter...". E.T.A. Hoffmanns Märchen *Klein Zaches genannt Zinnober*. MHG 5, 1997, S.37-46.
Huch, Ricarda, Das Tier in der romantischen Weltanschauung. In: Ricarda Huch, Die Romantik. Ausbreitung Blütezeit Verfall („Die Bücher der Neunzehn", Bd. 112). Tübingen 1951.
Hummelt, Norbert, „In der Fremde". Krisenbewußtsein und poetischer Widerstand als Elemente romantischer Weltsicht. In: Aktualität der Romantik (Text + Kritik, H. 143). München, Juli 1999, S. 39-47.
Kesselmann, Heidemarie, E.T.A. Hoffmanns *Klein Zaches*: Das phantastische Märchen als Möglichkeit der Wiedergewinnung einer geschichtlichen Erkenntnisdimension. In: Literatur für Leser 2, 1978, S.114-129.
Kremer, Detlef, Prosa der Romantik. Stuttgart-Weimar 1996.
Lämmert, Eberhard, Lebensansichten eines Katers. In: Lebensläufe um 1800, hrsg. v. Jürgen Fohrmann. Tübingen 1998.

Liebrand, Claudia, Aporie des Kunstmythos. Die Texte E.T.A. Hoffmanns (Litterae, Bd. 42). Freiburg im Breisgau 1996.

Mayer, Hans, Die Wirklichkeit E.T.A. Hoffmanns. In: Hans Mayer, Von Lessing bis Thomas Mann. Wandlungen der bürgerlichen Literatur in Deutschland. Pfullingen 1959.

Müller, Jürgen, Das Paradox als Bildform. Studien zur Ikonologie Pieter Bruegels d. Ä.. München 1999.

Müller-Seidel, Walter, Nachwort zu E.T.A. Hoffmann: Späte Werke. Darmstadt 1965.

Nehring, Wolfgang, Nachwort zu E.T.A. Hoffmanns *Prinzessin Brambilla*. Stuttgart 2003.

Petzel, Jörg, Hoffmann und Langbein. MHG 23, 1977, S.44-49.

Quack, Josef, Künstlerische Selbsterkenntnis. Versuch über E.T.A. Hoffmanns „Prinzessin Brambilla". Würzburg 1993.

Safranski, Rüdiger, E.T.A. Hoffmann. Das Leben eines skeptischen Phantasten. München – Wien 1984.

Sauder, Gerhard, Nachwort zu G.H. Schuberts *Die Symbolik des Traumes*. Heidelberg 1968.

Schadwill, Uwe, Poeta Judex. Eine Studie zum Leben und Werk des Dichterjuristen E.T.A. Hoffmann (Zeit und Text, Bd. 3). Diss. Münster 1992.

Schaefer, Klaus u. **Grohnert**, Dietrich, Ernst Theodor Amadeus Hoffmann. In: Romantik (Erläuterungen zur klassischen deutschen Literatur), hrsg. v. Kurt Böttcher u.a.. Berlin-Ost 1973.

Schmölders, Claudia, Das Vorurteil im Leibe. Eine Einführung in die Physiognomik. Berlin 1995.

Segebrecht, Wulf, Anmerkungen zu E.T.A. Hoffmann: Späte Werke. Darmstadt 1965.

Walter, Jürgen, E.T.A. Hoffmanns Märchen *Klein Zaches genannt Zinnober*. Versuch einer sozialgeschichtlichen Interpretation. MHG 19, 1973, S.27-45.

Weigelt, Horst, Johann Kaspar Lavater. Leben, Werk und Wirkung. Göttingen 1991.

Wührl, Paul-Wolfgang, Das deutsche Kunstmärchen. Geschichte, Botschaft und Erzählstrukturen. Heidelberg 1984.

Anmerkungen

Das Tier im Kontext der Romantik

1. Hierbei sei verwiesen auf die umfangreiche Untersuchung „E.T.A. Hoffmanns Tierfiguren im Kontext der Romantik" von Christa-Maria Beardsley, bei der ausnahmslos alle in Hoffmanns Werk auftretenden Tiergestalten behandelt werden.
2. entstanden 1819 (1.Bd.) / 1821 (2.Bd.). Erstdruck: Berlin (Dümmler) 1820 / 22 (2 Bde.)
3. als Teil der Fantasiestücke in Callots Manier 1808/15 entstanden und im Erstdruck der Sammlung 1814 /15 erschienen: Bamberg (C.F. Kunz)
4. Erstdruck in der Allgemeinen musikalischen Zeitung (Leipzig), 16. Jg. 1814, Nr.11. 1815 als Teil der Fantasiestücke in Callots Manier veröffentlicht.
5. Erstdruck: Frankfurt am Main (Willmanns) 1822.
6. Vgl.: Beardsley, Christa-Maria, E.T.A. Hoffmanns Tierfiguren in Kontext der Romantik. Bonn 1985, S. 325.
7. A. a. O.
8. Vgl.: Hoffmann, E. T. A., Sämtliche Werke in sechs Bänden, hrsg. v. Hartmut Steinecke, Frankfurt am Main.(im Folgenden abgekürzt mit: Hoffmann, SW.) hier: Bd. 5, 1992, S. 93.
9. Vgl.: Huch, Ricarda, Das Tier in der romantischen Weltanschauung. In: Die Romantik. Ausbreitung, Blütezeit und Verfall. Tübingen 1951.
10. Vgl.: Ebd., S. 458 f.
11. Vgl.: Beardsley 1985, S. 20.
12. Vgl.: Huch 1951, S. 466.
13. Ebd., S. 460.
14. Ebd., S. 462.
15. Vgl.: Sauder, Gerhard, Nachwort zu Gotthilf Heinrich Schubert, Die Symbolik des Traumes (1814). Heidelberg 1968, S. X: Sauder zitiert aus einem Brief Schuberts an Gerhard von Kügelgen, in dem Schubert die These seines Buches formuliert.
16. Vgl.: Kremer, Detlef, Prosa der Romantik. Stuttgart-Weimar 1996, S. 70ff.
17. Vgl.: Sauder 1968, S.XIII.
18. Ebd., S. XV.
19. Ebd., S. XVI.
20. Vgl.: Feldges, Brigitte u. Stadler, Ulrich, E.T.A. Hoffmann. Epoche-Werk-Wirkung. München 1986, S. 25 f.
21. Vgl.: Ebd., S. 24f.
22. Vgl.: Schubert, zitiert nach Kremer in: Kremer 1996, S. 72.
23. Vgl.: Quack, Josef, Künstlerische Selbsterkenntnis. Versuch über E.T.A. Hoffmanns Prinzessin Brambilla.Würzburg 1993, S. 42.
24. Erstdruck 1820 im Morgenblatt für gebildete Stände (Stuttgart), 14. Jg., Nr. 20.
25. Schubert, Gotthilf Heinrich von, Ansichten von der Nachtseite der Naturwissenschaft (1808). Darmstadt 1967, S. 324. Zitiert nach Quack, S. 42.
26. Quack 1993, S. 42. Quack verweist hierbei auf J.J. Rousseaus Abhandlung über den Ursprung und die Grundlagen der Ungleichheit unter den Menschen.
27. Schelling, Friedrich Wilhelm Joseph, Schriften von 1794–1798. Darmstadt 1980, S. 337f. Zitiert nach Quack, 1993, S. 42.

28. Preisendanz, Wolfgang, Humor als dichterische Einbildungskraft. München 1963.
29. Quack 1993, S. 43.
30. Ebd., S. 43.
31. Vgl.: Sauder 1968, S. XXIV.
32. A.a.O.
33. Steinecke, Hartmut, Stellenkommentar zum Meister Floh. In: E.T.A. Hoffmann. Sämtliche Werke in sechs Bänden, hrsg. v. Hartmut Steinecke, Bd. 6, Frankfurt am Main 2004, S. 1406.
34. Vgl.: E.T.A. Hoffmanns Briefwechsel, hrsg. v. Friedrich Schnapp, 1.Bd.: Königsberg bis Leipzig 1794–1814. München 1967, S. 461. Brief an Kunz vom 24. März 1814.
35. Vgl.: Schmölders, Claudia, Das Vorurteil im Leibe. Eine Einführung in die Physiognomik. Berlin 1995, S. 31.
36. Vgl.: Hummelt, Norbert, „In der Fremde". Krisenbewußtsein und poetischer Widerstand als Elemente romantischer Weltsicht. In: Aktualität der Romantik (Text und Kritik, Heft 143).München, Juli 1999, S. 42.
37. Schmölders 1995. S. 97.
38. Vgl.: Ebd., S. 44 u. 97.
39. Vgl.: Ebd., S. 29.
40. Schmölders 1995, S. 44.
41. Ebd., S. 94.
42. Ebd., S. 44.
43. Kremer 1996, S. 36.
44. A. a. O.
45. Vgl.: Ebd., S. 35.
46. Vgl.: Ebd., S. 52.

Die Tierfigur in Hoffmanns literarischem Werk

47. Vgl.: E.T.A. Hoffmanns Brief an Hippel in Arnau vom 1. Mai 1795. In: E.T.A. Hoffmanns Briefwechsel, 1.Bd., hrsg. v. Friedrich Schnapp. München 1967, S 62.
48. Vgl.: Beardsley 1985, S. 349.
49. Vgl.: Ebd., S.348.
50. Vgl.: Mayer, Hans, Die Wirklichkeit E.T.A. Hoffmanns. In: Hans Mayer, Von Lessing bis Thomas Mann. Pfullingen 1959, S. 225 f.
51. Vgl.: Hoffmann, SW, Bd. 2.1, 1993, S. 18.
52. Vgl.: Beardsley 1985, S.352.
53. Vgl.:Kesselmann,Heidemarie, E.T.A. Hoffmanns Klein Zaches: Das phantastische Märchen als Möglichkeit der Wiedergewinnung einer geschichtlichen Erkenntnisdimension. In: Literatur für Leser 2 (1978), S. 114f.
54. Mayer 1959, S. 224.

Zur Behandlung des Haustiermotivs bei E.T.A. Hoffmann

55. Schaefer, Klaus u. Grohnert, Dietrich, Ernst Theodor Amadeus Hoffmann. In: Romantik (Erläuterungen zur klassischen deutschen Literatur). Berlin-Ost 1973, S. 484.
56. Vgl.: Hoffmann, SW, Bd.5, 1992, S. 56.
57. Vgl.: Hoffmann, SW, Bd. 2.1, 1993, S. 172.
58. Vgl.: Hoffmann, SW, Bd. 5, 1992, S. 117.

59. Hoffmann, SW, Bd.5, 1992, S. 173.
60. Vgl.: Schaefer u. Grohnert 1973, S. 487.
61. Vgl.: Lämmert, Eberhard, Lebensansichten eines Katers. In: Lebensläufe um 1800, hrsg. v. Jürgen Fohrmann.Tübingen 1998, S. 159.
62. Vgl.: Mayer 1959, S. 225.
63. Vgl.: Hoffmann, SW, Bd. 5, 1992, S. 39.
64. Vgl.: Hoffmann, SW, Bd. 5, 1992, S. 161.
65. Vgl.: Hoffmann, SW, Bd.2.1, 1993, S. 176.
66. Vgl.: Ebd., S. 119.
67. A. a. O.
68. Vgl.: Hoffmanns Briefwechsel, 1. Bd., hrsg. v. Friedrich Schnapp, München 1967, S. 58.
69. Vgl.: Knigge, Adolph Freiherr von, Ueber den Umgang mit Menschen, Lizenzausgabe, Herrsching o. J., S. 364-367.
70. Vgl.: Montaigne, Michel de, Essais, II 12. In der Übersetzung von Herbert Lüthy. Zürich 1953, S. 433.
71. Vgl.: Hoffmann: SW, Bd. 2.1, 1993, S. 130 f.
72. Vgl.: Hoffmann, SW, Bd. 5, 1992, S. 37.
73. Ebd.., S. 94.
74. Ebd., S. 74.
75. Ebd., S. 436.
76. Vgl.: Hoffmann, SW, Bd.2.1, 1993, S. 118.
77. A. a. O.
78. Schaefer u. Grohnert 1973, S. 485.
79. Hoffmann, SW, Bd. 5, 1992, S. 422.
80. Vgl.: Lämmert 1998, S.168.
81. Vgl.: Beardsley 1985, S. 352 f.
82. Vgl.: Ebd., S.9.
83. Dazu sei angemerkt, dass die Bekanntheit mit Hegels Begriff der Dialektik (1807 in der „Phänomenologie" entwickelt) vorausgesetzt werden kann, da Hegel ab 1818 mit großer Resonanz in Berlin lehrte.

Zur Behandlung des Affenmotivs bei E.T.A. Hoffmann

84. Vgl.: Müller, Jürgen, Das Paradox als Bildform. Studien zur Ikonologie Pieter Bruegels d. Ä. München 1999, S. 149 f.
85. Vgl.: Ebd., S. 149 f.
86. Müller 1999, S.149 f.
87. Vgl.: Bridgwater, Patrick, Rotpeters Ahnherren, oder: Der gelehrte Affe in der deutschen Dichtung,. In: Deutsche Vierteljahrsschrift für Literaturwissenschaft und Geistesgeschichte 56 (1983), S. 452.
88. Gerigk, Horst-Jürgen, Der Mensch als Affe. In der deutschen, französischen, russischen, englischen und amerikanischen Literatur des 19. und 20. Jahrhunderts. Hürtgenwald 1989, S. 11.
89. Vgl.: Bridgwater 1983, S. 447 f.
90. Vgl.: Gerigk 1989, S.24.
91. Ebd., S. 32.
92. Bridgwater 1983, S. 455.
93. Vgl.: Gerigk 1989, S. 25.

94. Gerigk 1989, S. 34.
95. Vgl.: Ebd., S. 34 f.
96. Vgl.: Hoffmann, SW, Bd. 2.1, 1993, S. 418.
97. Vgl.: Bridgwater 1983, S. 455.
98. Hoffmann, SW, Bd. 3, 1985, S. 534.
99. Ebd., S. 534-538.
100. Ebd., S. 534-537.
101. Hoffmann, SW, Bd. 3, 1985, S. 534.
102. Ebd., S. 557.
103. Ebd., S. 536 f.
104. Vgl.: Ebd., S. 534 ff.
105. Ebd., S. 534 f.
106. Ebd., S. 616 f.
107. Vgl.: Schadwill, Uwe, Poeta Judex. Eine Studie zum Leben und Werk des Dichterjuristen E.T.A. Hoffmann (Zeit und Text, Bd. 3). Diss. Münster 1992, S. 264: Schadwill entwickelt darin die Lesart, die Nachforschungen im Hause des Magiers mit dem bei kriminologischer Detektivarbeit üblichen Durchblättern der Verbrecherkartei zu vergleichen)
108. Vgl.: Hoffmann, SW, Bd. 3, 1985, S. 595.
109. Hoffmann, SW, Bd. 3, 1985, S. 613.
110. Ebd., S. 614.
111. Fritz, Horst, Instrumentelle Vernunft als Gegenstand der Literatur. Studien zu Jean Pauls Dr. Katzenberger, E.T.A. Hoffmanns Klein Zaches, Goethes Novelle und Thomas Manns Zauberberg, München 1982, S. 69.
112. Vgl.: Steinecke, Hartmut, Stellenkommentar zu Klein Zaches genannt Zinnober. In: Hoffmann, SW, Bd.3, 1985, S. 873.
113. Vgl.: Gerigk 1989, S. 36 f.
114. Vgl.: Hoffmann, SW, Bd. 2.1, 1993, S. 420.
115. Ebd., S. 427.
116. Ebd., S. 422 ff.
117. Vgl.: Ebd., 424.
118. Vgl.: Ebd., S. 425 f.
119. Hoffmann, SW, Bd. 3, 1985, S.535.
120. Vgl.: Hildebrand, Alexandra, Bösartiger als der Herdenschlaf ist das Gelächter…". E.T.A. Hoffmanns Märchen Klein Zaches genannt Zinnober . In: MHG 1997, S. 38.
121. Ebd., S. 41.
122. Vgl.: Hildebrandt 1997, S. 39.
123. Safranski, Rüdiger, E.T.A. Hoffmann. Das Leben eines skeptischen Phantasten, München-Wien 1984, S. 251.
124. Ebd., S. 86.
125. Ebd., S. 251.
126. Vgl.: Hoffmanns Brief an Hippel in Marienwerder vom 18. Juli 1796. In: E.T.A. Hoffmanns Briefwechsel, 1. Bd.. 1967, S. 99.
127. Vgl.: Hoffmann, E.T.A., Zufällige Gedanken bei dem Erscheinen dieser Blätter. In: Hoffmann, E.T.A., Schriften zur Musik. Nachlese, hrsg. v. Friedrich Schnapp. Darmstadt 1963, S. 342 ff.
128. Vgl.: Weigelt, Horst, J.K. Lavater. Göttingen, 1991, S. 116.
129. Vgl.: Hoffmann, SW, Bd. 3, 1985, S. 545.

130. Kesselmann 1978, S. 120.
131. Vgl.: Ebd., S. 127.
132. Vgl.: Bridgwater 1983, S. 541.
133. Vgl.: Beardsley 1985, S. 233.
134. Hoffmann, SW, Bd. 2.1, 1993, S. 421.
135. Hoffmann, SW, Bd. 3, 1985, S. 557.
136. Ebd., S. 558.
137. Hoffmann, SW, Bd. 3, 1985, S. 639.
138. Fühmann, Franz, Fräulein Veronika Paulmann aus der Pirnaer Vorstadt oder Etwas über das Schauerliche bei E.T.A. Hoffmann. Hamburg 1980, S. 154.
139. Vgl.: Kesselmann 1978, S. 125.
140. Vgl.: Beardsley 1985, S. 234.
141. Hoffmann, SW, Bd. 2.1, 1993, S. 423.
142. Vgl.: Ebd., S. 419 f.
143. Hoffmann, SW, Bd. 2.1, 1993, S. 423 f.
144. Ebd., S. 419.
145. Ebd., S. 420.
146. Vgl.: Hoffmann, SW, Bd. 5, 1992, S. 39.
147. Vgl.: Hoffmann, SW, Bd. 2.1, 1993, S. 117.
148. Vgl.: Ebd., S. 421.
149. Ebd., S. 426 f.
150. Hoffmann, SW, Bd.3, 1985, S. 571 f.
151. Hoffmann, SW, Bd.3, 1985, S. 572.
152. Fritz 1982, S. 67.
153. A. a. O.
154. Vgl.: Ebd., S. 61 f.
155. Erstdruck: 1819 in Der Freimüthige oder Unterhaltungsblatt für gebildete, unbefangene Leser (Berlin)
156. Vgl.: Fritz 1982, S. 58.
157. Hoffmann, SW, Bd. 3, 1985, S. 672.
158. Fritz 1982, S. 59.
159. Haimatochare wird als Hoffmannsche Tierfigur in dieser Untersuchung nicht weiter behandelt, da sie nicht in der Protagonistenrolle auftritt und auch nicht im Sinne der Tierhelden Murr, Berganza, Milo und (als tierhaft gezeichnete Figur) Zaches in aktiver Auseinandersetzung mit der menschlichen Gesellschaft gezeigt wird.
160. Cramer, Thomas, Das Groteske bei E.T.A. Hoffmann. München 1966, S. 92.
161. Hoffmann, SW, Bd. 2.1, 1993, S. 424.
162. A. a. O.
163. Vgl.: Bridgwater 1983, S. 451.
164. Hoffmann, SW, Bd. 2.1, 1993, S. 425.
165. Hoffmann, SW, Bd.3, 1985, S. 826.
166. Nehring, Wolfgang, Nachwort. In: Hoffmann, E.T.A., Prinzessin Brambilla. Ein Capriccio nach Jakob Callot. Stuttgart 2003, S.171.
167. Vgl.: Walter, Jürgen, E.T.A. Hoffmanns Märchen Klein Zaches genannt Zinnober. Versuch einer sozialgeschichtlichen Interpretation. In: MHG 19 (1973), S. 34.
168. Mayer 1959, S. 225.
169. Vgl.: Wührl, Paul-Wolfgang, Das deutsche Kunstmärchen. Geschichte, Botschaft und Erzählstrukturen. Heidelberg 1984, S.177.

170. Liebrand, Claudia, Aporie des Kunstmythos. Die Texte E.T.A. Hoffmanns (Litterae, Bd. 42). Freiburg im Breisgau, 1996, S. 254 f.
171. Feldges u. Stadler 1986, S. 109.
172. Feldges u. Stadler 1986, S. 109.
173. Vgl.: Kremer, Detlef, Romantische Metamorphosen in E.T.A. Hoffmanns Erzählungen. Stuttgart -Weimar 1993, S. 109.
174. Vgl.: Beardsley 1985, S. 42.
175. Da Serpentina ihr Schlangenwesen als animalische Eigenschaft aber nicht bis zum Ende des Märchens beibehält, sondern letztendlich ihre Tierhülle abstreift und sich so mit als Frau entzaubert, wird ihre Figur in dieser Untersuchung der Hoffmannschen Tiergestalten nicht weiter berücksichtigt, zumal sie auch nicht dem eingangs für diese Arbeit festgelegten Auswahlkriterium entspricht, aus Gründen des beschränkten Rahmens nur solche Tiergestalten in eine ausführlichere Untersuchung aufzunehmen, die sich in einer ausdrücklichen Protagonistenrolle als Titelhelden gegenüber der menschlichen Gesellschaft und ihrer Kultur positionieren.
176. Der Herausgeber der Hoffmann-Ausgabe im Deutschen Klassiker Verlag bemerkt im betreffenden Stellenkommentar, die Liebe der Nachtigall zur Purpurrose werde in G. H. Schuberts Ansichten von der Nachtseite der Naturwissenschaft als wichtiges Motiv der persischen Liebeslyrik auf Seite 237 genannt.
177. Hoffmann, SW, Bd. 2.1, 1993, S. 360.
178. Vgl.: Fühmann 1980, S. 150 f.
179. Ebd., S. 145.
180. Vgl.: Safranski 1984, S. 408.
181. Kesselmann 1978, S. 125.
182. Vgl.: Hoffmann, SW, Bd. 3, 1985, S. 568.
183. Fühmann 1980, S. 146 f.
184. Ebd., S. 148.
185. Vgl.: Petzel, Jörg, Hoffmann und Langbein. In: MHG 23 (1977), S. 44 ff.
186. Vgl.: Safranski 1984, S. 15.
187. Vgl.: Ebd., S. 22, ff.

Zur Behandlung des Flohmotivs bei E.T.A. Hoffmann

188. Hoffmann, SW, Bd. 6, 2004, S. 360.
189. Vgl.: Steinecke, Zu Struktur und Gehalt des Meister Floh. In: Hoffmann, SW, Bd. 6, 2004, S. 1389.
190. Hoffmann, SW, Bd. 6, 2004, S. 357.
191. Ebd., S. 450.
192. Ebd., S. 358.
193. Vgl.: Ebd., S. 357.
194. Beardsley, Christa-Maria, E.T.A. Hoffmann. Die Gestalt des Meisters in seinen Märchen. Bonn, 1975, S. 84.
195. A. a. O.
196. Hoffmann, SW, Bd. 6, 2004, S. 310.
197. A. a. O.
198. Hoffmann, SW, Bd. 6, 2004, S. 310.
199. Vgl.: Wührl 1984, S. 186.
200. A. a. O.

201. Vgl.: Beardsley 1985, S. 347.
202. Vgl.: Beardsley 1985, S. 178 f.
203. Hoffmann, SW, Bd. 6, 2004, S. 331 f.
204. Ebd., S. 328.
205. Ebd., S. 355.
206. A. a. O.
207. A. a. O.
208. Beardsley 1985, S. 180.
209. Hoffmann, SW, Bd. 6, 2004, S. 357.
210. Ebd., S. 355.
211. Vgl.: A. a. O.
212. Vgl.: Hoffmann, SW, Bd. 6, 2004, S. 355.
213. Vgl.: Steinecke, Hartmut, Zu Struktur und Gehalt des Meister Floh. In: Hoffmann, SW, Bd. 6, 2004, S. 1396.
214. Hoffmann, SW, Bd. 6, 2004, S. 460.
215. Wührl 1984, S. 187.
216. Hoffmann, SW, Bd. 6, 2004, S. 386.
217. Vgl.: Hoffmann, SW, Bd. 6, 2004, S. 360.
218. Ebd., S. 452.
219. Ebd., S. 457.
220. Ebd., S. 456.
221. Ebd., S. 457.
222. Vgl.: Hoffmann, SW, Bd. 6, 2004, S. 456.
223. Ebd., S. 458.
224. Ebd., S. 383.
225. Im Text gebraucht Hoffmann das romantische Motiv Ahasvers, des „ewigen Juden" im Sinne eines Heimatlosen.
226. Hoffmann, SW, Bd. 6, 2004, S. 456.
227. Ebd., S. 456 f.
228. Ebd., S. 409.
229. Vgl.: Steinecke 2004, S. 1400.
230. A. a. O.
231. Sauder 1968, S. X.
232. Lichtenberg, Georg Christoph, Aphorismen, hrsg. v. Max Rychner, Zürich, S. 293.
233. A. a. O.
234. Vgl.: Hoffmann, SW, Bd. 6, 2004, S. 408.
235. Vgl.: Steinecke 2004, S. 1398.
236. Vgl.: Beardsley 1985, S. 307.
237. Vgl.: Montaigne, Michel de, Essais, II 12. In der Übersetzung von Herbert Lüthy. Zürich 1953, S. 433.
238. Hoffmann, SW, Bd. 6, 2004, S. 466.
239. Beardsley 1985, S. 308.
240. Hoffmann, SW, Bd. 6, 2004, S. 408.
241. Vgl.: Ebd., S. 412.
242. Hoffmann, SW, Bd. 6, 2004, S. 407 f.
243. Vgl.: Hoffmann, SW, Bd. 5, 1992, S. 161.
244. geboren um 1500
245. Vgl.: Steinecke 2004, S. 1391.

246. Hoffmann, SW, Bd. 6, 2004, S. 408.
247. Vgl.: Ebd., S. 353.
248. Ebd., S. 409.
249. Hoffmann, SW, Bd. 6, 2004, S. 351.
250. Ebd., S. 359.
251. Vgl.: Ebd., S. 351.
252. Vgl.: Ebd., S. 458.
253. Vgl.: Beardsley 1985, S. 279 f. u. S. 318 ff.
254. Keysser, Adolf, Die Jurisprudenz und die Flöhe. Kulturbilder aus dem Rechtsleben. Recht und Juristen im Spiegel der Satire, 2. Teil, Bad Rothenfelde 1919.
255. Vgl.: Beardsley 1985, S. 318.
256. Segebrecht, Wulf, Nachwort zu Meister Floh. In: E.T.A. Hoffmann. Späte Werke. Darmstadt 1965, S. 903.
257. A. a. O.
258. Vgl.: Beardsley 1985, S. 307.
259. Hoffmann, SW, Bd. 6, 2004, S. 399.
260. Ebd., S. 400.

Nachwort

261. Müller-Seidel, Walter, Nachwort. In: Hoffmann, E.T.A., Späte Werke, Darmstadt 1965, S. 842.
262. Hoffmann, SW, Bd. 2.1, 1993, S. 18.
263. A.a.O.